映像美利坚

THE REFLECTION OF AMERICAN

王晋军 著

WANGJINJUN　　SHUHAI PUBLISHING HOUSE

山西出版集团
书海出版社

图书在版编目（CIP）数据

映像美利坚／王晋军著.—太原：书海出版社，
2010.10
ISBN 978 - 7 - 80550 - 844 - 3

Ⅰ.①映…Ⅱ.①王…Ⅲ.①美国 - 概况　Ⅳ.
①K 971.2

中国版本图书馆 CIP 数据核字（2010）第 187458 号

映像美利坚

著　　者：	王晋军
责任编辑：	傅晓红
装帧设计：	王聚金

出 版 者：	山西出版集团·书海出版社
地　　址：	太原市建设南路 21 号
邮　　编：	030012
发行营销：	0351 - 4922220　4955996　4956039
	0351 - 4922127（传真）　4956038（邮购）
E - mail：	sxskcb@163.com　发行部
	sxskcb@126.com　总编室
网　　址：	www.sxskcb.com

经 销 者：	山西出版集团·山西人民出版社
承 印 者：	山西出版集团·山西新华印业有限公司

开　　本：	787mm×1092mm　　1/16
印　　张：	14.25
字　　数：	200 千字
印　　数：	1 - 4 000 册
版　　次：	2010 年 11 月第 1 版
印　　次：	2010 年 11 月第 1 次印刷
书　　号：	ISBN 978 - 7 - 80550 - 844 - 3
定　　价：	30.00 元

如有印装质量问题请与本社联系调换

序一

——环球旅行时代的西行漫记

朱大可

地标本来就是一种艰难的浮现。在古老而蜿蜒的大地上，探险者与旅行家用他们的步履蹒跚创造出了近乎辉煌的事迹。他们的行为通过出乎意料、超出视域之外的书写而成为定居者幻想远方的教材。地标的概念首先就是在这些教材之中，由旅行家与他们的读者共同搭建起来的：从古典世界的七大奇迹到江南水乡，直至美洲印第安人的图腾、禁忌与蛮俗，莫不如此。

而在旅游文化席卷全球的今天，这些地标都变成了旅游点。充满着热带雨林浓郁气息的古老游记被束之高阁，现在是简明地图手册大行其道的时代。它以一种极为明确的实用态度告诉人们：前方目的地不过是由地理、气候、历史、名胜、特产以及有关衣食住行等等一系列符号的组合体。当然这样的手册往往乏善可陈，令人索然无味。在此基础上，一些更悠闲、更丰富、同时更具人文情怀的地图文化手册便横空出世。由图片、新闻、旧史和趣闻轶事精炼而成的这本《映像美利坚》，非常典型地代表了简明地图的进化版。

一位访问过中国的美国水兵

本书首章以"走进美国"，终章以"走出美国"来安排，这种结构表达了对美国的态度：作者试图要通过一本书，将自己的经验与美国这个"他者"，这个庞大地标的邂逅阐释殆尽。这本书被指深度审视也罢，忠实记录也罢，都旨在为美国正名。在这个国家被中国极端民族主义者严重妖魔化的今天，"他者"叙事也许会有助于人们重新审视超级帝国的内部风景，摆脱可笑无知的尴尬状态。

本书可作为一名中国作家的西行漫记与斯诺在上个世纪的西行漫记相对应，是对斯诺的新"马可·波罗"旅行的仿写。在叙写了悉尼和北京奥运会之后，《映像美利坚》也完成了向太平洋彼岸的另一次"有意义的误读"。我们看到，相隔半个世纪的两次截然不同的旅行，东方与西方的双向阐释，居然获得了类似的效果。

前一次旅行完成了对红色帝国的理想主义构筑；后一次旅行，则将一个黑色帝国变成数字、文字简介和大量的需要拼缀的图像。

如何寻找更好的起点来开始一场真正的、谨慎的旅行？如何跳出东方经验的羁绊，穿透地标上的反光表层？在我的视域之外，浮动着一些堪称典范的文本。譬如意大利作家卡尔维诺的《看不见的城市》，同样是章节与片段式的表述，每一个地标在那里都呈现一种结晶体般的优雅和完美。卡尔维诺的《纽约日记》倒是可以更直接地用来映现出本书的特色：同一个纽约，在不同的烹调师手下，显示出快餐或者佳肴艺术两种截然不同的性质。面对这样一片文化多元、富于活力的新大陆，每一个旅行者都会找到自己独有的叙事等级和方式，并且向我们提供个人视野里的美国映像。《映像美利坚》是这样一本书，它表面上是一份中国人书写的简明说明书，为我们勾勒了关于美国地标的粗线条轮廓，而实际上却是一具山姆大叔的充气娃娃，它被张挂在高高的书架上，等待每个新游客吹入其个人经验的清新空气。

21世纪的中美交流

序二

王梓

鹰之翔

*2002年,作者
与儿子在墨尔本家中*

　　父亲出书已经不是什么新鲜事了，可这次让我帮他作序确实
令我大为惊诧了一番。自知与以往作序的那些大家相比判若天地，
但又无论如何不好意思辜负他老人家的一片殷切希望，就只得先
委屈一下读者们了。

　　仔细一想，父亲这样做也确实有他独到的用意。从他第一次
出书至今，已经快20年了，也就是说，我是伴随着他的一部部作
品成长起来的，和他的著作一起，从婴儿到少年，直至走向成熟。
父亲也许觉得只有我才最能体会到他所有作品的一个渐进的演化
过程，也最了解这本书从想法最终变为现实的漫长经历。所以让
我把自己的一些真实感受写在书的最前面，以供读者们在阅读之

前做一个参考。

　　美国对大家来说是一个既熟悉又陌生的地方，我发现这个地名在我们周围出现的频率极高，每每不绝于耳。然而对于这个在方方面面影响着我们的国家，又有多少人真正了解她呢？试想一下，我们除了知道"微软"、"好莱坞"、"麦当劳"这些通俗的表面现象之外，是否也对美国人的生活方式和思维方式有一个客观的认识？是否了解他们与我们之间存在的种种差异，以及这些差异所引发的更深层次的矛盾？正是为了寻求这些问题的答案，父亲在通过方方面面的资料对美国进行初步了解的基础上欣然前往，用三个月的时间体验了真真切切的美国。在这期间，他遍访东西两岸的各大城市，广泛交往社会各界的代表性人物。为了体验普通美国人的日常生活，他特意寄宿在多个美国人家里，掌握了美国人日常生活的第一手资料。与此同时，他也和许多研究中国问题的美国学者交换意见，坦诚地探求两国之间利益与冲突形成的深层次原因。可以说，父亲在他的美国之行中努力去观察和感受美国社会各个阶层的生活、认知和烦恼，为他的创作积累最为真实可信的素材。

　　这本书给我最强烈的感受是：父亲一改他以往注重时效性的风格，可以说这是他写作过程最为漫长的一部作品，从产生想法到完成作品一共花了5年时间。在这5年里，他仔细斟酌其中的每一篇文章，力求让他们能够经得起时间和现实的双重考验。在此期间，"9·11"事件的悲剧，伊拉克硝烟的弥漫都影响着他重新审视自己思考问题的角度以及文章写作的切入点，力图用最客观的视角来还原一个更为真实的美国，并加入了自己独到的思考。在这本书里，我们不仅能看到美国作为超级大国的先进所在，更能发现其中存在的种种问题。如果说过去父亲的创作是靠着一股激情的话，那么我相信，这次他是凭着理性来完成这部作品的。我想这样一部经过理性思考的著作对大家了解美国社会必定是有所裨益的。

一个人的巡逻

映像美利坚

THE REFLECTION OF AMERICAN

目录

1

走进美国

变脸

第三只眼睛
看美国

应美国有关方面的邀请，我赴美进行采访，写
一部纪实著作。

我眼下正在猛补"美国课"，要出发了，临阵磨
枪，不快也光嘛！摆弄着地球仪看来看去，太平洋
浩瀚万里，将陆地分割成两大板块，中国与美国宛
若两个巨人，屹立在太平洋两岸。按照传统的说法，
北美洲的原始居民是印第安人和因纽特人，1492年
意大利航海家哥伦布的"地理大发现"为新兴的资
产阶级开辟了新的活动场所，此后，欧洲国家不断
向美洲移民。可是，在1761年，德国汉学家德·歧

地域与时空

尼根据他对中国古代典籍《梁书·东夷传》的潜心考证，向全世界郑重宣布：哥伦布并非是发现美洲的第一人。早在哥伦布之前，中国僧人慧深便已东渡太平洋到达美洲。随后不久，又有人指出，在慧深之前的公元412年，中国高僧法显从印度取经东返，在海上遭遇暴风，漂泊105天最终到达"耶婆提国"，即今墨西哥阿卡普尔科至美国洛杉矶一带。他的回忆录《佛国记》翔实地记载了由他无意完成的这一横跨太平洋登陆美洲的壮举。再往后，更有人推断：早在3000多年以前，中国人便已大规模移民美洲，今日美洲土著印第安人，实际上是中国移民的后裔。其依据是，公元前1123年周武王率领800诸侯联合伐纣时，殷商主力正在东方与九夷作战。殷商亡国后，这10万将士连同他们的15万家属既不愿归顺周朝，又无法西返故土，于是便泛桴东渡，流落到美洲大陆。这批殷商遗民，便是印第安人的祖先，他们及后裔虽身处异乡仍念念不忘故国，相互见面时必互祝"殷地安"亦即"家乡好"。当哥伦布终于踏上美洲大陆时，听到当地土著互称"殷地安"，误以为已经到达印度（India），便以讹传讹，将他们称作"印第安人"。

美国白宫椭圆形办公室

事情至此并未完结。到了1991年10月，美国最权威的《国家地理》杂志在反复考证之后，向全

印第安人的图腾

世界公布了两幅珍宝——《轩辕黄帝族酋长礼天祈年图》和《蚩尤风后归墟值夜扶桑图》，更将中国与美洲之间的联系一下子上推到了先民时代。这两幅珍宝的保存者是居住在纽约州莫洛克河奥次顿戈村的易洛魁人，他们是美洲土著居民印第安人的一支，黄帝和蚩尤则分别为中国远古传说中中原华夏族和东方九黎族的首领。让人不可思议和蹊跷的是：美洲印第安人手中怎么会保存有中国远古先民的画像呢？

写到这里，我暗暗窃喜，原来，最先"走进"美国的是中国人的祖先，而非哥伦布！

为佐证中国人最先"走进"美国，中国有学者称：当年黄帝和蚩尤这两个敌对部族在涿鹿交锋后，且战且走，且走且战，最后到了美洲，并在那里定居下来，印第安人便是他们的后裔。而美国也有学者与此呼应，进一步考证：不但黄帝到过美洲，他的后人太昊、少昊等也到过美洲，当年夸父逐日、后羿射日所在的深沟大壑，就是美国西部的科罗拉多大峡谷。而夏禹时代人所作的《山海经·大荒东经》中描述的山峰、河川、物产乃至里程、方位等，都与今日南北美洲的地理场景惊人地相似与吻合！

布莱斯峡谷奇景

2001年5月从自由女神岛远眺纽约曼哈顿，"世贸双塔"还高高耸立在天地之间

不仅如此，有地质学家指出白令海峡曾经是连接东亚和北美的陆上通道，由于这条"冰冻走廊"的存在，浩瀚的太平洋对于远古的人们并非无法逾越的鸿沟。而当古人类学家至今仍在为人类在地球上究竟首出何处争论不休时，却很少有人为西半球争此殊荣，"第一个美洲人是外来移民"这一论断，已被普遍认同。人体学家则证明，印第安人的头形、面部特征和肤色与东方的亚洲人极其相似，都属于蒙古利亚人种。还有人通过线粒体的研究揭示，印第安人和东亚人的遗传基因近乎一致，因而存在着难以排斥的血缘上的联系。更有考古学家通过研究发现，美洲古老的蛇文化与中国传统的龙文化之间，的确存在着许多相通之处。凡此种种

蓝天下的小帅哥

表明，早在哥伦布发现美洲大陆之前，太平洋东海岸的印第安民族与西海岸的中华民族之间，便已存在着某种尚未被人们所确知的历史联系。

毋庸置疑，真正具有划时代意义的还是哥伦布对于美洲大陆的"再发现"。

在欧洲人殖民美洲的争夺战中，荒芜的北美大陆曾一度被遭受到冷落，但精明的英国人一如他们对待澳洲大陆那样，很快意识到它的价值并乘虚而入窃为己有。1607年5月，3艘小船载着100多名英国移民，在今天的美国弗吉尼亚詹姆斯河口登陆并建立起第一块英国殖民地。随即，英伦三岛上那些因搞"圈地运动"而变得一无所有的"自由人"，因不遵守国教而难以立足的清教徒以及做着发财梦的冒险商人便潮水般涌入大西洋彼岸，并"诱发"了美利坚民族的形成。

星条旗下的美国人，热情开朗而不拘小节

不少读者也许还不知道，与哥伦布要寻找中国却发现了美洲同具戏剧色彩的是，引发北美独立战争的导火索，竟然是中国的特产茶叶！当欧洲殖民势力强行改变了太平洋东西两岸的历史进程之后，隔洋相望的中国与北美之间也以扭曲的形态建立起近代联系。英国奸商捷足先登，勇当"中介"，将中国的茶叶、丝绸、瓷器等货物经由西欧转销到北美，而北美的人参、水獭皮、胡椒、银元等也相继出现在中国市场上，而茶叶则成为中国输入北美的最大宗商品。自从欧洲移民把茶叶带到北美后，饮茶很快在北美社会成为时尚。有法国旅游者目击道："人们饮茶就像法国人喝酒一样，终日不能或缺。"事实上，早在1690年，波士顿就出现了定点销售中国茶叶的市场，到18世纪60年代，英属北美殖民地的年茶叶消费量高达百万磅之多。

英国与美洲殖民地之间早已裂痕很深。为保障东印度公司对茶叶的绝对垄断利益（请千万别忘记这家公司曾在中国保持的是对鸦片的绝对垄断利益），英国国会颁发《茶叶条例》，规定除东印度公司外禁止其他"私茶"进入北美，而且该公司的茶叶一律免收进口税，本该收的茶叶税则转嫁到饮茶的美洲人头上。这一下，引起民众的极大不满，由一批革命志士组织的波士顿"茶党"应运而生，并于1773年12月16日潜入停泊在波士顿港口的东印度公司船内，将船上装载的价值18 000英镑的茶叶全部抛入海中。这便是引发美国独立战争的"波士顿倾茶事件"！真是想不到，默默无闻的中国茶叶，在美国的历史上还掀起过这么大的风暴，并最终导致美利坚合众国的诞生。

紧接着，为了对"倾茶行动"进行报复，英国殖民统治者又连续颁布了5项被殖民地民众称为"不可容忍的法令"，它犹如火上浇油，点燃了革命的燎原烈焰。1775年4月19日，波士顿近郊的民兵在莱克星顿打响了美国独立战争的第一枪；1776年7月4日，北美13个殖民地代表在费城签署《独立宣言》，向全世界庄严宣告：北美13个"联合起来的殖民地从此成为而且理应成为自由独立的合众国"，后又经8年浴血奋战，英国人才被迫在《凡尔赛和约》上签字，正式承认美利坚合众国的独立。

人流如织的纽约

19世纪初，一艘名为"中国皇后号"的美国木质帆船驶离纽约港，穿过大西洋，绕过好望角，经由印度洋、太平洋的茫茫水域前往广州，拉开了美国与中国直接交往的帷幕。美国商人在广州卖掉运来的全部货物，赚了大钱，并如愿以偿地采购了一大批中国土特产，另加租"智慧女神号"商船，分别返抵纽约和巴尔的摩后，商品很快被抢购一空。就连战争结束后一度赋闲在家的美国首任总统华盛顿从报端获悉消息后，也马上写信给友人蒂尔曼，请他代购一批中国货。这些信件及随信开列的详细货单，皆被收入《华盛顿文集》，华盛顿购得的300多件中国瓷器珍品，至今仍收藏在他的故居维尔农山庄和宾夕法尼亚州博物馆。中国人每每到此参观，总会油然而生一种民族自豪感。

从"中国皇后号"来到中国起至今，中美两国的交往已持续了200多年。中国由世界上最古老的封建帝国演变成为最大的发展中国家，中美两国也由对抗变为对话，成为具有广泛联系及影响的两

缆绳系着几多风雨

个世界大国。1970年5月，在北京，毛泽东登上天安门城楼面对百万群众，挥巨手发出号召"全世界人民团结起来，打败美国侵略者及其一切反动派"；而华盛顿那边，美国总统尼克松则托请巴基斯坦总统叶海亚·汗和罗马尼亚总统齐奥塞斯库向中国"暗送秋波"：美国绝不会与苏联合谋反对中国，美国愿意派一位高级使节秘密访华。

这位名叫亨利·基辛格的犹太籍特使实在是太聪明过人了！不说别的，单单就看他在中美上海联合公报中玩弄的语法修辞，简直就可以和一流的汉语专家相媲美："美国方面声明：美国认识到，在台湾海峡两边的所有中国人都认为只有一个中国，台湾是中国的一部分。美国政府对这一立场不提出异议。"基辛格在这里玩了一个"花活"，既不说大陆是中国的惟一合法政府，也不讲台湾是中国的惟一合法政府，而是让"台湾海峡两边的中国人都认为只有一个中国"来代称，这"花活"玩得精彩，玩得漂亮，就连世界著名外交大师周恩来审读后也给予"绿灯"放行，最终导致上海联合公报的正式发表。

华盛顿唐人街牌楼

虽然美国好玩"花活"，但许多中国人对它就是有一种"剪不断，理还乱"的情结。举例说，以美国为首的北约用导弹袭击中国驻南斯拉夫使馆后，中国爆发空前的反美示威游行，许多大学生咬破指头写血书，倒掉可口可乐，拒吃麦当劳，并且焚烧星条旗，抵制美国货。可是没过几天，一掉脸儿又拿着托福成绩单在美国驻华大使馆门前熬夜排队申请赴美签证，那个虔诚劲呀，与之前相比完全判若天渊！你说说，这到底是一种什么"行为方式"和"处世心态"？

从"打倒美帝"到"走进美国"，我也随着时代完成了一个历史性转变。好在我的赴美签证来得容易，我可以轻轻松松从从容容地上路了。

感觉圣殿

2

波托马克河畔的名城

花儿盛开的季节

父与子尽享碧
水喷泉

我来到华盛顿时，正值万木峥嵘的春天，满城的鲜花争奇斗妍，灿烂绽放。尤其是华盛顿艳丽的市花美洲红蔷薇，开得那样红火，那样炽烈，仿佛在热情欢迎每一个到访者。

华盛顿位于马里兰州与弗吉尼亚州交界的波托马克河与阿纳卡斯蒂亚河汇合处的东北岸，四周群山环抱，风光迷人。直到17世纪初，这里还是一个人烟稀少、丛林密布、野兽出没的地方。1608年，一位名叫约翰·史密斯的英国探险家对波托马克河流域进行了"处女航"，欣喜地发现这里河道宽阔辽远，两岸层林尽染。到了18世纪80年代，这里依然人烟稀少，庄园疏落，土壤肥沃，是北美洲东海岸的一个粮仓。1790年，美国国会决定在此建立永久性首都。

　　今天的华盛顿市区呈长方形，面积178平方公里（其中水域面积15平方公里），以国会大厦为中心，分为东南、东北、西南、西北4个区。南北向街道以阿拉伯数字命名，东西向街道以英文字母命名，13条斜形大道以美国独立时的13个州命名。西北区是华盛顿的心脏，有最重要的政府建筑和纪念碑、博物馆。宾夕法尼亚大街以北为主要商业区；马萨诸塞大街向北伸展部分为使馆区。尤其应该提到，国会还以法律的形式限定华盛顿中心区范围内的建筑物高度不得超过国会大厦的顶端（94米），从而象征国会的权力高于一切。在当时，美国的永久性首都被命名为"华盛顿·哥伦比亚特区"（Washington The District Of Columbia）。其实，华盛顿市与哥伦

在国家航空航天博物馆里认识航天英雄

比亚特区是一回事，以此命名，是为了纪念美国前任总统乔治·华盛顿和美洲大陆的发现者、世界著名探险家哥伦布。

　　华盛顿是美国的精髓和缩影。美国建国200多年来的发展历史，从昔日的开国元勋到今天的风云人物，都在华盛顿留下了鲜明的踪影和痕迹。华盛顿拥有的庞大博物馆群，主题繁多，风格迥异，内容丰富，世人瞩目，而且无一例外地免费向游客开放，这在"金钱至上"、讲究功利主义的美国，的确是一个"异数"。如果要数点

一番的话，那真是宛若珍珠，举不胜举：华盛顿纪念碑、杰弗逊纪念堂、林肯纪念堂、拉斐特广场、史密森博物院、历史博物馆、国家美术博物馆、航空航天博物馆、自然历史博物馆、弗利尔艺术馆、赛克勒东方艺术馆、非洲艺术博物馆、国家档案馆、大屠杀纪念馆、美国艺术博物馆和国家人物画廊、肯尼迪表演艺术中心、华盛顿故居等。还有国家大厦、白宫、最高法院大厦、五角大楼、司法纪念广场和司法纪念碑等，更是引人入胜，并给人带来颇具深意的思考。

国会大厦位于国会山上，是美国最高权力机关所在地。大厦为乳白色巨大建筑物，中部为弧形屋顶的圆形大厅，四壁有表现从哥

华盛顿国家美术博物馆展览大厅

华盛顿纪念碑拔地而起，雄伟壮观，高耸入云

伦布发现新大陆到美国独立历史的大型油画,侧厅陈列着为美国独立、发展做出过重要贡献的各界人物塑像。四年一度的总统就职典礼,在其主楼平台上举行。大厦东侧有著名的国会图书馆,藏书高达8000多万册。

位于宾夕法尼亚大街1600号的白宫,是美国总统官邸和最高决策机关,建于1792年,为白色砂岩建筑,共有130多个房间,有绿厅、蓝厅、红厅、国宴厅、条约厅、东厅和图书馆等,白宫底层及一楼任人参观,人们可以自由自在地窥得白宫的部分"秘密"。

林阴大道是指国会大厦向西延伸到波托马克河的一条长3200米的道路,这里有联邦政府的卫生与公众服务部、农业部、劳工部、司法部、内政部、联邦储备局等机关,还分布有众多建筑风格迥异的文化设施,高达170米的华盛顿纪念碑位于林阴大道中部,古希腊神殿式的乳白色建筑林肯纪念堂则位于大道的最西端,这真正是一条无愧于首都"中心轴线"的大道。

我感到,华盛顿的突出特点表现有两方面:一是为确保国家政治中心的地位,华盛顿不发展或不设置重型、大型工业项目,以确保环境优美;二是整个城市规划格局中保持放射状和方格状相结合的道路体系,许多道路交叉点被设计成圆形或方形广场,加上良好的绿化,道路两边的景观颇富于动感和变化……

华盛顿给我留下的印象是深刻的:"这里就是充满矛盾的国家的心脏!"

白宫里涌动的参观人流

3

一言难尽说纽约

美国的心脏：纽约

纽约街头的卖艺人

　　有人说：你如果爱一个人，就送他去纽约，因为那里是天堂；你如果恨一个人，就送他去纽约，因为那里是地狱。这天堂这地狱锻铸着其中的每一个外国人。还有人说：纽约就是纽约，纽约不是天堂也不是地狱。

　　很早以前，纽约只有曼哈顿一个区，面积仅 22 平方英里（57平方公里），后来逐渐扩张成为"大纽约"，又增加了 4 个区，即皇后区、法拉盛区、布朗克斯区和布鲁克林区。但曼哈顿依旧是纽约的心脏，并有过一段光荣的历史：曾经作为美国首都达一年半之久。1789 年，华盛顿就任美国第一任总统的大典，就是在纽约的华尔街大厦举行的。而如今，华尔街仍然是世界经济的"气象站"和世界金融的"最后堡垒"。

在曼哈顿的第42街上，有着数不清的贩毒场所、色情影院、妓院、按摩院和专卖淫秽书刊的"成人书店"。即使在大白天，嘴角叼着香烟、满脸涂脂抹粉的妓女，也敢公开在街上拉客，兜售自己，其放荡的行为仿佛就是走入无人之境。而一些游手好闲之辈戴着墨镜，吹着口哨，整天像幽灵一样游逛其间，伺机"浑水摸鱼"。当然，第42街也并非全是藏污纳垢之地，在这里，还有美国一流的图书馆、博物馆、美术馆。在这里，历史向人们推出了一连串的形象：富兰克林、马克·吐温、马丁·路德·金、海明威、福克纳、埃德加·斯诺、埃文森·卡尔逊，他们是美国的精英，他们都曾为自由和民主而战。

与佛罗里达、芝加哥三足鼎立，纽约无疑是美国犯罪率居高不下的地方。据权威人士透露，比其他地方高出60%以上。非法拥有的枪支，即未向警署登记造册的，就高达200万枝！想想吧，这是一幅怎样可怕而恐怖的图画！几年前有幸来过纽约的朋友说，那时，如果你走过纽约时代广场第7大道和第47街的夹角，请关注一眼楼顶的电子广告牌，它没有Sony大屏幕的瑰丽，只有跳动的数字在揭

纽约街头掠影

示这一瞬间：美国又增添了多少支枪，增添了多少枪下的新冤魂。它拒绝对喧闹的城市添一分轻快，只是固执地提醒路人去思索一个矛盾的概念：枪文化。枪永远拖着死亡的阴影，文化则代表着"世上可想而知的最美好者"（美国一名人语）。它就叫"枪手死亡之钟"，背后则跳动着美国枪文化锐变的脉搏！我在纽约小住，朋友劝我晚上没事尽量不要外出，尤其不要去黑人聚居的地区。朋友还告诫我，身上不可多带钱，也不可不带钱，起码带20美元吧，即所谓"买命钱"。遇上强盗抢劫，若他一无所获，他会觉得晦气，也许会一怒之下开枪要你的命；如果得上20美元，他就心气顺了，不会朝你下黑手，你也就算捡回一条命，还有机会和他"拜拜"。于是，有人悲叹："美国最大的超级城市正在自行沉没"；有人诅咒："纽约是世界上陷阱最多的地方！"

纽约是美国的金融中心、商业重镇、交通枢纽、思想宝库、文化艺术的荟萃之地，同时，还是新闻的集散地和信息的交汇点。而实质上，也可以说，纽约才是美国真正的首都。在它五花八门、光怪陆离的霓虹灯海和摩天高楼的背后，其实隐藏着外来客在短时间

华尔街上的短暂平静总是孕育着更大的风暴

内很难破解很难看穿的资本主义生活的全部秘密。当你在纽约街上走几遭，尤其是到华尔街打一个"转"，你就会懂得为什么"Business"（商业）在美国是一个极其重要的词；为什么美国著名的诗人爱默生竟然说"金钱代表生活的无聊，就其影响和规则而言，金钱和玫瑰一样美丽"；为什么美国人会对亚当·斯密言听计从，顶礼膜拜，按照这位大师的说法："个人追求私产，国家的财富才得以积累。"

说起纽约和纽约的犯罪，不能不提到纽约还有世界上最大的地铁网，总里程长达近400公里，车站多达458个。这个地铁以抢劫盗窃层出不穷而令人不寒而栗。尽管每天有数以百万计的乘客在此摩肩接踵，挤进挤出，浩浩荡荡，川流不息，但匪徒和强盗照样敢冒天下之大不韪，公然实施他们的犯罪行动。于是乎，纽约地铁成了藏污纳垢之地，成了暴力和犯罪的代名词抑或同义词！当然，在这个时候，惟一能给人安慰的，就是高耸在斯塔腾岛、面向大西洋的自由女神像了。有人说：这个女神的雪白象征着人世间最大的纯洁，而这最大的纯洁又在何处？！我不敢说曼哈顿是罪恶之区，但也难说曼哈顿是首善之地……

这就是我所见所闻的纽约，这就是让我一言难尽的纽约。"9·11"事件之后，恐怖乌云笼罩"自由女神"，纽约的气氛长时间处于紧张的、令人窒息的状态。纽约著名商业机构"纽约合伙"在调查报告中称，纽约将因为"9·11"恐怖袭击事件而在未来3年内损失1000亿美元。其中，"9·11"灾难的全部损失大约是323.9亿美元，而两座摩天大楼的损失为15.13亿美元。虽然国会拨出200亿美元援助纽约，但是仅清理和重建工作

那城那人那景

13

就要花费390亿美元。恐怖袭击更使"美国是投资者天堂"的神话破灭。"9·11"事件后，纽约股市暴跌，一周内资产缩水1万亿美元以上。纽约证券交易所和美国债券市场宣布停止交易两天，这是纽约证券交易所自欢庆第二次世界大战结束以来首次被迫关闭两天。

"9·11"恐怖袭击事件已经过去，伤口愈合的纽约稍稍喘息，这个曾经的金融中心、世界最繁华的大都市，还有没有力量承受第二次打击？总之，纽约也许可以视作美国的一帧侧影、一个造型、一部百科辞书，一切饶有兴味的、使人却步的、五花八门的、光怪陆离的、见所未见的、闻所未闻的，应有尽有。纽约没有让我喜爱，也没有让我恨之于死地而后快，它让我更坚定了这样一个理念：如果来到美国而不来纽约，那你会抱憾终身的，只有认识了纽约，才算认识了美国。

正是：观察纽约的"叶子"，你才能感受到美国的"秋凉"。

从高空鸟瞰
纽约曼哈顿

典雅的青铜雕像是纽约的一大"亮点"

4

敲响自由之钟的城市

走向空旷

融入城市的教堂

　　费城是美国名城，乃宾夕法尼亚州的"门户"，被特拉华河和斯库尔基尔河环抱，于1681年由大英帝国教友派的信徒、勇敢的拓荒者威廉·宾开拓，他因而获得英王查理二世的恩准，成了这块土地的领主，随后便将这个"费拉德尔菲亚城"（意为"兄弟之城"）越建越大，逐渐繁荣发达起来。如今，费城有人口200万，在美国属第四大都市，仅次于纽约、洛杉矶和芝加哥。

　　美国历史不长，而费城名副其实就算一座古城了。在美国为脱离英国而争取独立的斗争过程中，费城扮演过极为重要的角色，它所做出的卓越贡献，美国没有任何一个城市敢争高下。1774年，美洲大陆的13个英属殖民地代表在费城召开第一次大陆会议，旋即向英国王权宣战，义无反顾地举起了独立的旗帜。翌年，第二次大陆会议还是选择在费城召开，风云人物杰弗逊挥动手臂掷地有声发起了一个关于"为何必须拿起武器"的宣言："我们的事业是正义的。我们的联合是完美的。我们将使用敌人迫使我们拿起的武器来保卫我们的自由。因此，我们宁愿做自由人而捐生，不愿做奴隶而苟存。"在宣言的巨大鼓舞下，各殖民地的民兵联合组成了大陆军，并推选来自弗吉尼亚州的民兵中校华盛顿为总司令。武装斗争的烽火冲天而起，斗争的硕果是：1776年7月4日，在费城诞生了《独立宣言》。还是那个杰弗逊，由他执笔起草的《独立宣言》中的几句精彩言辞现已成为美国人经常引以为自豪的"立国之本"："我们

楼影若梦

认为下面所说的都是极明显的真理：所有的人生而平等。造物主赋予他们若干不可剥夺的权利，其中包括生命、自由和对幸福的追求……"1787年，根据《独立宣言》的精神，13个独立的州又在费城召开制宪会议，经过16个星期的激烈辩论，终于在9月17日制定出美国的第一部宪法。富兰克林以其特有的诙谐指着华盛顿座椅背后用辉煌的金色绘成的半轮太阳说："在会议进程中，许多争论使我时而充满希望，时而感到忧虑。我经常看着主席后面的画，不知那到底是日出，还是日落。但是，现在我终于有幸知道那是日出，而不是日落。"

　　1791年至1800年，费城曾是美国的临时首都，总统府的建筑费仅仅10万美元，既不庄严也不雄伟，首任总统华盛顿就在这幢3层楼房里工作生活了多年，直到约翰·亚当斯总统任期将尽时，美国才确立了新的首都，由白宫取而代之。后来，费城的总统府被作价41 650美元卖给了宾州大学，到了1829年不知什么原因竟然被拆除夷平，以致给今天留下了太多的遗憾和抱怨。

　　不过，通过美国第一部宪法的"独立厅"保存了下来，当我随着人流鱼贯而入时，最显眼的是13张桌子排成一个半圆形，那便是13个州代表的议席，桌面上，文具盒里插着白色羽毛笔，放置有蜡烛台，零散的纸张和书籍，恍若代表们刚刚离席而去……应当说，在美国，在费城，没有任何一个建筑具有如此深远凝重的历史价值，因为只有"独立厅"是发表美国《独立宣言》和起草美国宪法的"惟一建筑物"。

　　在费城，还有一件值得自豪的国宝——"自由钟"。该钟是1751年向英国订购的，铸造时将自由宣言铭刻钟面，以纪念《人权宪章》发表50周年。谁料想，当1752年大钟运抵费城，试声时才发现钟已破裂，但这丝毫没有影响它被高挂于独立厅的钟楼之上，自由的钟声从此便回荡在费城的四面八方。1876年，美国举行建国百年盛大庆典，"自由钟"有幸在全国巡展，借以激励每一个美国人的爱国热情。当然，自由是整个人类的向往，不同的国度对自由有不同的阐释，美国人享有什么样的自由，他们自己心知肚明，无须我再多作描摹。

　　费城更引以为自豪的远不止这些，不仅在这里诞生了一个美利坚合众国，还因为这里产生过一个伟大的传奇般的人物——他就是在18世纪的美国与华盛顿齐名的富兰克林。富兰克林是费城的骄傲，他"从天空抓住雷电，从专制统治者手中夺回权力"，改变了费城，改变了美国，也改变了整个世界。到目前为止，寰宇之内恐怕还没有第二个人可以像富兰克林一样当之无愧地在自己的名字前加上如下头衔：科学家、发明家、政治家、哲学家、作家、外交家。

　　1790年4月17日，富兰克林走完84载的人生旅程。那天，春雨绵绵飘洒无尽的思念，费城人倾城而出为他举行隆重的葬礼，并让他安卧在费城的一片宁静的墓地里……当今天的人们川流不息来这里瞻仰，他们会感受到富兰克林留下的巨大遗产，即便是在这个

唱摇滚的黑人歌手

金元帝国也是无法用美钞来进行计算的。

费城最重要的特色就在于这些，而并非它是世界最大的淡水港，美国造船、铁路、桥梁和石油工业的中心。这正如当年的约翰·亚当斯总统在就职演说中所言："如果说国家的自豪感是正当的和情有可原的，那么这种自豪感必须不是来自权势或财富，不是来自豪华和荣耀，而是惟独来自坚信民族的纯真、识见和仁爱。"

费城，一座让人颇"费"思量的城。

用钟声传播历史

费城的无价
宝——自由之钟

5

旧金山的魅力

牵手

常年隐身于
雾中的金门大桥

　　旧金山三面环水，西为太平洋，北为金门海峡，东为圣弗朗西斯科湾。旧金山建于一片丘陵之上，北部有金门海峡大桥与马林县相接，东部以圣弗朗西斯科湾大桥与黑克兰相通。而这金门大桥则是世界上最长的单架悬索桥之一，桥身除两端引桥全长 1280 米。

　　1776 年，西班牙人首先在此登陆，建成教堂和市镇，名为"耶金巴布埃纳"，1821 年易手墨西哥，1846 年终为美国海军占领，并在两年后更改为现名。伴随着淘金狂潮，旧金山迅速扩展，自 1860

年起成为商港和渔港，1869年成为第一条横贯全美铁路的终点。1906年，旧金山遭地震与火灾袭击，几成废墟。1989年再遭地震破坏，有几个地区损失严重，以致直到今天还能目睹到"地震后遗症"。

诚如一位旅美华文女作家所言：城市跟人一样，是有个性的。名城与名人一样，有的可敬但不可爱；有的可爱却不可亲。旧金山，它是既可爱又可亲的。它的名气，是由于它那独具一格的taste（味道）。你不能把小写的the city误写成大写的The City，因为自负的旧金山人说：大写的城，天下只有一个，那就是号称美国西岸的巴黎——旧金山。

旧金山不仅有缆车、铁路、码头、航空港，还有驰名的精英学府，并且是美国西海岸的金融与保险业中心。旧金山的贸易以水果、棉花、矿砂为主，工业有纺织、印刷、塑料、橡胶制品、造船、飞机与导弹零部件等门类，同时，捕渔业极为发达。旧金山还是美国西部的旅游、文化和会议中心，并且拥有全美最大的唐人街。在体育方面，旧金山的"巨人"棒球队、"49人"橄榄球队也都久负盛名。被称作"城市化石"的多洛雷斯传教院建于1782年，是旧金山引以为自豪的古迹，而母牛宫里，则经常举行影剧演出、商品

乘古老的有轨电车在起伏中饱览旧金山风光

旧金山的马儿呀，你慢些走

爱心永远

橱窗前的乞丐

展览及马戏表演等。旧金山的观光名胜还有美术馆、渔人码头、金门桥、诺布·希尔大楼等。更令人瞩目的还有设在阿尔卡特拉斯岛上的加州海岸"第一座灯塔"，20世纪30年代到60年代，联邦的一个赫赫有名的监狱也建于此岛。当我乘游轮环游此岛时，但见草木森森，墙石斑驳，狭窄的铁窗与沉重的铁门构成一幅恐怖的图画。

如果要问旧金山的"灵魂"是什么，那旧金山人会不约而同地告诉你——金门桥。半个多世纪前，以当时的科技与财力而言，要建这样一座桥是需要有点冒险精神的。因为金门桥是一座单径吊桥，两座桥塔之间的距离为4200英尺，为当时的世界之最，而最难的是这儿的海水倒灌，暖潮汹涌，桥墩要建在100英尺的水下，再加之雾重风急海水甚寒，建桥的艰难可想而知。据悉，金门桥的总工程师约瑟夫·施特劳施只有5尺之躯，但他野心颇大，毅力坚韧，蓝图在1921年就画好，之后便开始与人争论，到处筹款，直到1933年才得以开工，当耗费了4年时间、4.3万吨钢铁和2000多万美金之后，金门桥与施特劳施终于成为传奇与不朽。然而不幸的是，正如同醇醇美酒一样，能益人也能害人，金门桥不仅为千百万旅游者向往，同时也成了自杀者向往的"圣地"。根据记录显示，自该桥诞生以来，由此蹈海轻生者已多达近700人，而毗邻的奥克兰海湾大桥，类似轻生者不过150人。有的轻生者就住在海湾大桥边，也要绕道来金门桥完成其人生的"最后一跳"，一位心理学家对此跟踪研究了十几年，得出结论为：轻生者认为在金门桥结束生命更光荣，更体面，更富有浪漫情调和美感色彩。到底是否如此，轻生者已去，真正成了"死无对证"。

若要乘游轮去观光金门桥，就必须到渔人码头起航。很多人说这里酷似意大利的那不勒斯海港，有趣的是，很早以前这里曾经是意大利人的势力范围，如今已成"多元文化"的旅游中心，意大利人难以再独自称霸了。放眼望去各种摊位排列有序，雅俗皆备，琳琅满目。尤其是那些风格与流派迥异的艺术家们，在这儿"俯首甘为美元牛"，练活挣钱，养家糊口，使你不得不感慨在美国"现实主义"永远都要压过"浪漫主义"，斯文可以扫地，生存必须第一。码头上除了丁当作响的旅游有轨电车来往穿梭外，还有古旧的中式黄包车悠然掠过，刻意给人营造出一种绵长深厚的历史氛围。由于称作"渔人码头"，这里海鲜馆颇多，大海蟹是旧金山的特产，于

矗立在渔人码头的海鲜广告

天蓝蓝，海蓝蓝，游人陶醉在其间

天下为公：旧金山唐人街口的金字招牌

靓房筑在雪
山脚下

是就养育了这里一大批蟹肉摊贩，当街烹煮生猛大蟹，并配以一种特殊的法国面包招徕食客。当然，渔人码头最重要的功能还在于这里的渡轮年复一年日复一日地载着成千上万来自全世界的游客前往"天使岛"、"犯人岛"观光游览，探索鲜为人知的奥秘。更有人说，在这里看海，看风，看海风里飞翔的鸟，就是旧金山的滋味。这个城确实特别，满城洋溢着一种不负责任的放荡气氛，人们都说那就是罗曼蒂克，卖花的女孩，弹琴的歌手，白鸽的翅翎，海鸥的情影以及海风鼓满的白帆……它们告诉游人：在这儿，自由仿佛不是抽象的，乃是到处可以目睹的"具象"。

　　其实，旧金山最吸引我的还是唐人街。据说，在全世界的唐人街中，美国的最多、最大；而在美国的唐人街中，又以旧金山的最多、最大。旧金山唐人街的突出特点是非常集中，规模也相当大，如果以为唐人街只是一条"街"，那就大错特错了。准确地说，这是一个区，横的纵的许多条街，一踏足其间，就有回到了中国的感觉。我惊喜地看见唐人街固守在时间的涌流之中，充当了政治多元化的标签。唐人街使我产生了自卑和自豪、冲突与和解、厌恶与亲切的双重情感。我在如此的心情中接纳了这个令人迷惘的形象。它起初只是民族母体的一种海外代用品而已，但它最终却扮演了心灵教堂的角色……旧金山唐人街，果真是这样的吗？须知，旧金山是中国移民最初抵达的地方，又是目前华人在海外聚居最多的地方，可谓名副其实的"海外华人中心"。

海上是飘忽的雾，陆上是起伏的路，我要叩问：旧金山的魅力，到底在哪里？旧金山人的回答是："做一个美国人，就是去想象而不是去继承命运，因为美国人从来就生活在神话里而不是历史中。"

上帝的孩子

旧金山唐人街高挂支持北京申办奥运的标语

6

圣徒之城

老招牌

美国建筑的
"第二白宫"：犹他
州议会大厦

　　美国人称犹他州暨盐湖城为"圣徒的城市"。这是因为这个地方于 1847 年 7 月 24 日被摩门教先驱者发现（摩门教现在的正式名称是"耶稣基督后期圣徒教会"），并随即开拓建设，到 1896 年正式加入联邦成为美国的第 45 个州。

　　美国总统罗斯福曾说过："摩门教是真正的宗教。"说来也真是一个传奇的故事，环顾当今世界，各种教派林立，但又有哪个教派能像摩门教这样，鼎立一州，掌控一城，把自己的历史与一个城市的发展史血脉相连、水乳交融地维系在一起？正如美国的史学家所说：摩门教的历史，就是犹他州的发展史，如果没有摩门教受到残酷迫害从纽约州西迁，也就不会有今天摩门教与犹他州共同的"新生"。而依我所看,摩门教当年的"西迁"颇似中国的二万五千里长征,是"逼上梁山"后的"背水一战",必须破釜沉舟,奋勇向前,只许成功,不能失败,否则就是"胜者为王,败者为寇",死无葬身之地了。其时,摩门教西迁的长征队伍有1700人之众,由领袖杨百翰率领,准备跨越浩大的荒野前往遥远的落基山脉。先头部队共有148人,其中包括3名妇女和2名儿童,在历经九死一生、千难万险之后,他们成为在犹他州定居的第一批非印第安人,终于过上了不受压迫的宗教生活。1848年之后的数年中,更多的摩门西迁者进入犹他沙漠,对基督的坚定信仰及百折不挠的创业精神衍生为不竭的原动力,600多个居住区犹如星火燎原,照亮了美国历史上最具远见与最具影响力的一次"长征",盐湖城最终成为世界摩门教的"圣城"和"大本营"。

根据我采访到的权威记录,犹他州200多万人口中70%以上是摩门教徒,而首府盐湖城居民中摩门教徒的比例也占到了一半以上。2002年,当1780万游客(这个数字快接近澳大利亚全国的总人口)涌入"圣徒之城"时,他们看到的是一个近乎于"路不拾遗,夜不闭户"的"桃花源"。据说,犹他州监狱的大锁锈迹斑

伫立在盐湖城的美国西部开拓者博物馆

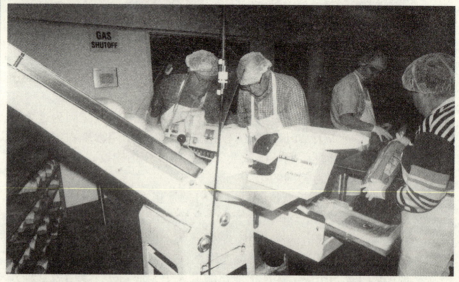

摩门教会所属食品厂每天都生产大量面包馈赠穷人

斑，房间里构筑了鸟儿们的爱巢，皆因为无犯人可关，这与美国其他犯罪率高的州（诸如纽约州、佛罗里达州、密西西比州等）形成多么鲜明的对比和反差！答案在哪里？其实很简单：因为这里是摩门教的"圣徒之城"。

教会为犹他州创造了一个经济发展所必需的安定的社会环境。教友们相信所有的人，不论种族，不分肤色，都是上帝的子女，都是兄弟姐妹。教会特别强调家庭生活的和谐，相信没有任何成功能够弥补家庭的失败。教会非常重视个人道德修养，为犹他州培养了一代又一代遵纪守法、努力工作、品德优良、身心健康的人才，并教育教友们热爱国家，随时响应召唤做义工，尽职尽责，无私奉献。特别值得一提的是，教会认为教友不能仅凭信仰，必须兼有善功，禁用烟、酒、茶、咖啡，远离一切毒品，保持健康体魄，更具责任心和集体主义的观念……当然，摩门教徒的吃苦耐劳和勤奋耕耘，是最令人钦佩和予以赞叹的，犹他州的州徽就是一个蜜蜂的蜂巢，这其中的象征意义不言而喻。在众多"蜜蜂"的劳作和酿制下，犹他州成为美国的一颗"明星州"，先后荣膺"美国最佳经济州"、"美国最佳居住州"、"美国最健康人口州"、"美国第二硅谷"等桂冠，在整个世界享誉盛名……一时间，来自世界各地的技术移民和投资移民蜂拥而至，为犹他州带来大量资金和商机。良好的社会环境和相对而言比较廉价却又高素质的人力资源，使犹他州备受许多世界知名大公司的青睐，他们纷纷在犹他州设立分号，或者干脆"举家"迁徙，在"圣徒之城"春风得意，大展宏图。

挺立在盐湖城的摩门教圣殿

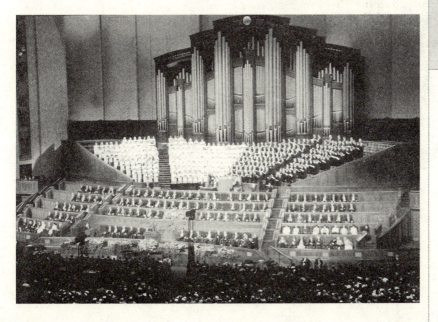

摩门教世界
教友大会盛况空前

当我在盐湖城"沉"下来采访时，说句实在话，并非为它富丽堂皇的欧式布局所吸引，倒是执意愿去想象、寻觅它百年前的孤独、疮痍和荒凉；并非只满足于一睹建造了40年之久的摩门教圣殿的宏伟、神秘与风采，以及教会千人合唱团娓娓动听的余音绕梁和深情倾诉，更是想翻阅、采撷它背后藏匿的西部拓荒史，其间沉淀了多少磨难、坎坷、血泪、冒险、失败、成功、理想与追求！宗教是一种社会历史现象，这使我想起马克思和恩格斯曾经说过的话：宗教没有历史，宗教没有同社会的历史相脱离的独立的历史。如果把它"照搬"过来，那么，可以看得很清楚，"圣徒之城"能有今天的成就，与摩门教会的贡献是绝对分不开的。

一个教会"打造"出西部荒漠上的一个州，这就是美国展示给世界的又一种"奇观"。当成百上千万的游客来到盐湖城市中心的圣殿广场及其多个标志物参观时，教会却不索取任何费用，任旅游者耳濡目染，沉醉其间。笑容可掬的妙龄少女会像春风拂过，迎上前来，衣着整洁而又举止优雅，这些来自世界各地进行义务传教的姐妹，透出强烈的宗教色彩，让人们感受到"圣徒之城"的别一番格调与风情。伫立其间，我不胜感慨：按理说，随着科学的发展，社会的进步，应该有助于人们生活中宗教意识的削弱和世俗化思想的前进，但第二次世界大战结束后至今宗教人数一直呈持续上升的趋势，仅摩门教在全球的教友就已达到1600万人之多，这究竟是因为什么呢？

寰宇之内，谁能回答我？

犹他州盐湖城开拓者广场上的开拓者雕像

7

帝国赌城

赌场遍地开花，赌局花样百出

富丽堂皇与豪华精彩是为了招徕赌客

　　拉斯维加斯（Las Vegas）位于美国内华达州，是在沙漠上崛起的世界头号赌城，有人这样描绘它："它的白天是沙漠特有的绚丽，它的夜晚是世界最大的声光表演；它是美国四周地理的中心，如今它要作五大洲娱乐业的首府；它搜寻美学最共性的语汇，针对人性最基本的弱点，呼唤最普遍的共鸣；没有谁比它更注重用美学的手段装扮自己，也没有谁比它更加违背美学的原则；它俗气、世故、浅薄、实用，但没有人比它对人生和世界看得更为透彻……"

　　这，就是拉斯维加斯？

　　未到拉斯维加斯之前，我就认为，在我们身处的这个世界，喜欢玩赌的人不在少数。君不见，环球之内，从帝王豪门到平民百姓，从气势恢弘的偌大赌场到仅有立锥之地的赌摊赌档，从几十万人的聚赌到三两知己亲朋的即坐即赌，从一掷万金的豪赌到一支香烟的打赌，从白发苍苍的老人坐在一起玩麻将的牌赌到乳臭未干的小孩出拳"猜赌"等，光怪陆离，不一而足。这次到拉斯维加斯访问几天后，上述认识得到进一步的深化和认证，可谓上了新的"台阶"。在这里，赌场是遍地开花，赌局是花样百出，赌技是高低精拙，赌注是大小不拘，赌徒是男女老少，赌运是只有上帝知道。真正是全民皆赌，赌遍全城，城依赌而存在，赌托城而滋生。放眼望去，赌资横流，赌徒遍地，称雄者自然不乏其人，称王称霸者也大有人在矣！

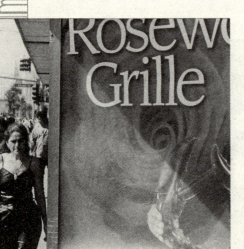

我乘车从犹他州进入内华达州，天地间皆是茫茫的沙漠，它属于美国最干旱最酷热的地区。到20世纪30年代，拉斯维加斯才是一个仅仅有5000居民的小城。也许是"穷则思变"，染赌之后，70年弹指一挥间，它成为美国发展最快的城市之一，人口突破百万，每年2200万游客（含赌客）带来高达50亿美元的滚滚黄金！这真是让人不可思议，叹为观止。如果要品味一下美国人对拉斯维加斯的评论和感受，那就更有助于人们从深层次上认识这个世界的头号赌城："它保留着开发西部时代的粗犷和热情"，"它的魅力在于使人回想到拓荒时代的西部；赌场的老板就是国王，华都、美女、金钱都由他掌握，整个世界上，它大概就是最接近于无结构社会的社会"。

伫立于街头的赌博机（老虎机）

向赌场进发的人们

拉斯维加斯分老城和新城，以全城中的最高建筑"高塔赌场"为界。新城崛起后，其富丽堂皇与豪华精彩抢走了大量赌客，老城在严峻的挑战面前不甘落伍，但若要把老城推倒重建造价太高且战线又拉得太长，修修补补小打小闹又无济于事，于是便绞尽脑汁，想出了在老城中央区耗巨资修建一个巨大的圆拱形激光街廊的招儿。这"街廊"就是在街的上空大约30米高的地方，搭起长长的拱盖，而这拱盖是由无数激光灯组成的，到了夜晚，每隔半小时，激光灯开启，长长的拱盖就变为巨大的天幕，用激光造出了大千世界的众生相，也真让人一饱眼福。就这样，为了看激光表演，老城还真拉来不少赌客，颇有"返老还童"之势。

而在新城，所有的赌场都有自己的风格。但最刺激感官的，便是如兵马俑般庞大的老虎机群，或是威武列阵的豪华赌桌，让你足不出户玩尽赌博花样，一抬手便可兑换到各种花色的赌码。再看那发牌的庄家动作娴熟，送饮料的小姐短裙上下翻飞，猩红的嘴唇、暴露的大腿、尖细的指甲和高耸的乳峰，但这大概并不是主题，主题是Money，是美元！

赌场是要诱惑你非常自觉地掏出钱袋的，这叫"赚你没商量"。为了赚赌客的钱，赌场也舍得自己先大把花钱，以"金银岛"赌场为例，耗资4300万美元，有房间2900间，名字源于史蒂文森的小说，在赌城颇富戏剧性，36层高的主楼前是人工海湾，真船大小的古战船每隔一小时就打一次海战，伴以弥漫的硝烟和隆隆的炮声。与该"岛"同属一个老板的是幻象(Mirage)，它的门口永远是人山人海，这里日复一日上演着惟妙惟肖的"火山爆发"，前后共5分钟，每隔15分钟"爆发"一次，造价是1000美元，你可以算一算，每年要耗费多少钱？当然，这钱最后还是"羊毛出在羊身上"。"金字塔"赌场有30层楼高，底部有人工河，外墙全部安装蓝色特制玻

幻象的门口
上演着惟妙惟肖的
"火山爆发"

赌场张开血
盆大口：赚你没商
量

璃，赌客可以乘电梯沿着金字塔的内壁以 39° 的倾斜角度缓缓上升，赌场足有 10 万平方英尺，而且中间还放置有以一比一比例仿造的法老图坦卡蒙的陵墓。据说，这种建筑是有"魔力"的，难道正是这"魔力"驱使赌客挥金如土，最后赌得倾家荡产吗？"大米高梅"赌场完工于 1993 年，有房间 5005 个，为全世界最大的赌场旅馆，光高档大理石就用了 800 吨，全部采自意大利，有消息称意大利三个城市的石匠为此足足忙活了两年，着实狠发了一笔赌场的财。还有一家赌场，门窗全是镀金的，包括卫生间的设备，大堂天花板有 1000 平方米，上面镶有数千枚彩色玻璃花，是一位知名艺术家硬是用嘴吹出来的，造价高达 1000 万美元，平均 1 平方米造价 1 万美元，挥金如土到这种地步，让多少人有虚度此生的感觉！

　　赌场与赌客，就是这样在"斗法"，但这里有个前提，叫做"周瑜打黄盖，一个愿打，一个愿挨"。在赌场老板看来，赌博是严肃的生意，是必然胜利的持久战，是长期的行为；而赌客赌博则是为了满足好奇心、虚荣心和发财的野心，是偶然可能得胜的战役，是短期行为。庄家说"打一下老虎机改变一生"，"玩一把 21 点立地成富"；而有不少赌客则表白："狐狸再狡猾，怎么能斗过好猎手？""不是一条好鱼，怎么敢去与鲨鱼戏水？"金山银山就在这里成为老板家后院的财富，赌客虽然也偶有收获，但最终还是要倾家荡产，落荒而逃。拉斯维加斯会为赌徒付出，但也会搜刮走赌徒的所有钱财。正所谓：赢是暂时的，输是永远的，拉斯维加斯不相信眼泪！拉斯维加斯相信的只是金钱！

　　多少人来到这沙漠上的"奇迹"、人类社会的"赌博王国"，便魔影匆匆，如痴如醉，把钱财典进赌台押注，把命运交给骰子定夺，开始了游戏人生的历程……

在赌城，赢是暂时的，输是永远的

在赌场里游戏人生

8

从内华达的色情说起

春宫一梦

巴士上也是
色情广告

内华达州到处都是沙漠，寸草不生，够穷的了吧？但回答曰"No"，它比许多没有沙漠的州区要富，靠什么呢？答案也很简单，一为赌博，二为色情。

在内华达州访问时，有位号称内华达"活字典"的北京哥儿们曾说，如果有谁仅仅对洋妞"Happy"好奇，满足这事儿并不难办，去风月场所就能"立竿见影"。此法的最大好处就是不需要时间投资，也不必仰仗运气，所花费的只是美金而已。在美国，内华达的妓院合法经营，政府颁发执照，老板照章纳税，人们在这里公平交易，没有上当受骗中了埋伏、挨了黑枪的担忧，也没有事后脸上开花医院验血的后怕。妓院内的各类服务项目皆有术语，妓院提供

"菜单",有"头抬",还有"主菜"等。美国的高科技无孔不入,内华达的大多数妓院已经实现了电脑数字化管理。妓女的档案存在计算机内,包括照片、身高、体重、三围、教育背景等数据,这就是说客人亦可通过电脑进行不见面的选择,然后从管理员手上拿一把钥匙直接去妓女的房间,什么时候感觉厌烦了还想留条小命什么时候再走,只是荷包里的美元要装得鼓鼓的。

内华达的色情泛滥,只是美国色情泛滥的一个缩影。

好莱坞本是美国民办电影业的中心,每年要生产出大量影片(色情片No.1),为美国赚来滚滚外汇。好莱坞聚集了众多靠出卖肉体为生的人,这当中有老鸨、暗娼,也有皮条客、窝主,他们在灯红酒绿之间干着肮脏的皮肉交易,多少靓女俊男被夺走纯真,圣洁的身躯变成了行尸走肉。在这儿,妓女如云,有卖家当然就有买家,妓女们按"综合打分"分开了档次。那些高级妓女的买主主要是腰缠万贯的制片商、大牌导演、走红明星、资深律师、商界泰斗和专门为猎艳而来的海湾石油大亨,因而收入也就成了"天文数字"。她

充斥内华达州街头的色情报刊箱

们驾着顶级奔驰而来，用可视移动电话预约钟点，抹的是巴黎名贵香水，穿的是蒂娜摩登时装，脚上蹬的也是意大利名牌皮鞋，浑身上下里里外外"武装"到了牙齿。她们不少人白天是模特儿、红歌星或影片里"跑龙套"的，夜晚再把自己卖个好价钱。有人说她们就像富人养的波斯猫，锦衣玉食外加醉生梦死，但恐怖的病毒就藏在她们的衣裙之下或皮肉之中，她们是各种性病尤其是艾滋病的受害者，更是这类"妖魔鬼怪"的传播者。

　　色情的泛滥，导致美国性病和艾滋病患者大量衍生。在西方工业化国家中，美国的性病发病率高居榜首，而在美国的一些城市，性病发病率已经高于发展中国家。据美国全国疾病与预防中心提供的数据表明，每年向医疗卫生部门报告新发生的性病案例达1200万以上，其中2/3发生在25岁以下的年轻人身上。这是一种多么恐怖的情景啊！

　　据我观察，美国的色情，基本上是沿着两条渠道泛滥开来的：一条是赤裸裸的色情产业，"中坚力量"是那些从事卖淫的"多陪女郎"，以"按摩"为名的"马杀鸡"（按摩）小姐，黄色电影、录像及光盘，并包括那些公开以色情为宗旨的"精神鸦片"；另一条就是在所谓个人娱乐、艺术欣赏、"性解放"等辞藻掩饰下从事散播的五花八门、千奇百怪的色情行径。这两者混合起来，互补长短，相得益彰，推波助澜，无所约束，就形成了难以遏止的色情黄潮，滚滚而来，滔滔不去。譬如，发行量高居美国期刊前列的《Play boy》（花花公子）与《Play girl》（花花姑娘），以"公民娱乐性"和"人体艺术性"做标榜，通篇充斥着淫秽的挑逗和诲淫的说教，其影响比一般色情行业更加广泛、深远，因为它除了在传播"精神鸦片"之外，还肆意戕害人们的心灵。集色情、暴力、荒诞、刺激之大成的，还有有线电视上的各类设有"禁忌"的节目，官方说这是收了费的，因此就可以提供"特别服务"，这也算"有钱能使鬼推磨"，其庸俗下流，让人触目惊心，难以启齿评说！

摩登女郎的
摩登表演

　　以纽约为例，抢劫、凶杀、绑架等恶性案件毫无愧色地高居全美之冠，而色情的疯狂与嚣张，同样也堪称全美之最，翻开纽约的报纸，色情广告铺天盖地，什么"逍遥楼"、"藏春阁"，什么"柔情红玫瑰"、"性感康乃馨"，什么"销魂场所"、"超值享受"，什么"送货上门"、"专业服务"……在曼哈顿，在皇后区，在第5大道，在第11大道，暗娼明妓，流莺飞蝶，花枝招展，搔首弄姿，强拉硬拽，招徕顾客，就像销售拍卖商品一样标码喊价，出售自己，能"卖"出去的欣喜若狂，"卖"不出去的只好黯然神伤。纽约的另一个"社会癌症"就是离家出走的孩子沦为男女娼妓，他们大多是因为父母离异、家庭破碎而失去家庭温暖，沦落街头，晚上就在废弃房屋、汽车、地铁通道甚至墓地过夜。于是，他们成了许多皮条客下手的最佳"猎物"。皮条客一般是先施以小恩小惠，接着就索取"回报"，强行让他们"接客"，逼着他们误入"火坑"，走向深渊。更令人震惊的是不少逃家男童，竟沦落为美国上流社会的"性玩具"，应该说这也是美国社会最黑暗、最堕落的一个层面。

从纽约到芝加哥，从旧金山到迈阿密，由色情泛滥引发的社会

以玛丽莲·
梦露的面貌出现

艳女广告遍
布城中，色情产业
泛滥成灾

公害触目惊心，日甚一日。用美国一位著名诗人的诗来形容，就是："因为我不能停下来等候死亡，死亡便好心地停下来等候我"。在这里，"死亡"便是"色情"的代名词。我在美国时就常发感叹，以美国这么一个用"基督文化"立国的社会，怎么那么多基督教神父就毫无作用？那么多耶稣的徒子徒孙就任其肆虐，让色情像幽灵一样，越来越强烈地闪现出蛊惑人心而又令人心悸的寒光，徘徊在美利坚广袤的土地上？

难怪乎美国早就有人戏谑说他们到了"谈'色'色变"的地步。据报载，在美国东部某州，有位妙龄少女在一酒吧内被一群疯狗般的青年当众强暴，她万般痛苦，凄然求助，却被围观的人投以讪笑及哄闹作答，不时还扬起一片喝彩声，真不知这些人起码的人权、理智和良心到哪里去了？在美国西部某州，几名货柜卡车司机公然在一群学生面前对一名女中学生横施强暴，简直是到了丧尽天良的地步！而且这类恶性案件在软弱的制裁面前不断发生，难以绝迹。色情泛滥加上性生活的混乱，在"多米诺骨牌"的效应下，引起了家庭结构的动摇和伦理关系的恶性变化，首当其冲遭受祸害的是美国年青一代，他们"懒"得结婚，把家庭和生儿育女当作累赘的包袱甩掉！眼下美国青年男女最时髦的就是私奔，书店里的一本畅销

炫耀在街头
的肢体语言

画布上的人生

书书名居然叫《让我们私奔吧》！在内华达州拉斯维加斯近郊的一个汽车旅馆内，每年要接待几千对私奔的男女，有的都是提前半年预订房间，生意火暴，几乎踏破了门槛。汽车旅馆成了私奔男女的"伊甸园"，这大概也是老板所始料不及的。

其实，就是风月场中的人，大多数也是强装笑颜，苦度人生，内华达一位从事色情业的女郎就多次表白："死并不那么令我痛苦；活着倒使我更觉得痛苦。"

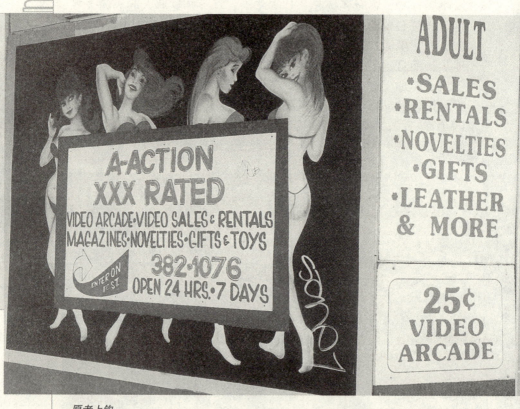

愿者上钩

9

在自由女神像下

暮色苍茫中的自由女神

一个令美国
人激动的日子

　　美国人爱把自由女神像称为"美国的象征"，这就如同我们中国人把长城当作"中国的象征"一样。同理，到了美国不去纽约，人家说你没去过美国，而到了纽约没去看自由女神像，人家又说你没来过纽约。于是，一位略通中国文化的美国作家对我说：在中国，"不到长城非好汉"；在美国，则是"不见自由女神像非好汉"。

　　一个国家没有一个象征怎么能行？想不到在这个问题上，一向清高孤傲的美国佬也未能免"俗"，有个象征总要比没有象征好嘛！

这天，我从曼哈顿炮台公园码头乘专线轮渡朝自由女神像所在地贝德勒斯岛进发。该岛离曼哈顿南端直线距离为24公里，大约15分钟时间，就登上了贝德勒斯岛，由于自由女神像在此落户，美国人早已习惯把该岛称作"自由岛"了。环顾左右，肤色各异，人如潮涌，除美国人之外，大部分都是来自世界各国的游客，大家都是怀着共同的心愿，来一睹自由女神像的风采。

这是一尊巨大的铜像，总高93米，底座高45米，总重量45万磅（225吨）。女神身着罗马古代长袍，头戴光芒冠冕，映衬着微微挽起的发髻，身体前倾，神态端庄，就像是一位善良、慈祥的母亲。她头顶戴着的那顶王冠上，在夜间放射出7束绚丽的光芒；她右手高擎长达12米的火炬，直指苍穹；她左手紧握一部美国《独立宣言》，上面镌刻着这样几个不平凡的罗马数字：1776年7月4日。这正是美国的独立日。史载，《独立宣言》由托马斯·杰弗逊起草，1776年7月4日经大陆会议专门委员会修改后通过，并由大陆会议主席约翰·汉考克签字生效。《独立宣言》开宗明义：一切人生而平等，具有追求幸福与自由的天赋权利；淋漓尽致地历数了英国殖民主义者在美洲大陆犯下的累累罪行；最后庄严宣告美利坚合

向贝德勒斯岛航行

众国脱离英国而独立。《独立宣言》是具有世界历史意义的伟大文献，通过《独立宣言》的这一天也就成为美国人民永远纪念的日子，被定为美国独立日。女神所承载的，就是如此厚重的历史。

在宽阔的绿茵草地上，我支起三脚架，用长焦镜头为自由女神拍摄特写。通过镜头我看得更清晰了：女神的双眸，这整个自由神的灵魂，散发出一种异样的神采，仿佛具有一种强烈的洞穿力——如磐的风雨和翻滚的乌云都不可能阻挡。

她的目光注视着蓝天、大地和海洋。

自由女神像是法国人民馈赠给美国人民的珍贵礼物，它是美国独立战争期间美法两国人民之间友谊的结晶。

创作这一艺术杰作的人是法国一位才华横溢的雕塑家，他的名字叫弗雷德里克·奥古斯特·巴托尔迪。1834年，巴托尔迪出生在法国一个意大利籍家庭，从青年时代起他就酷爱雕塑艺术，并在此领域小有名气，颇有建树。1851年，路易·拿破仑·波拿巴发动政变推翻法兰西第二共和国后的一天，一群英勇不屈的共和党人在街

头垒起防御工事和路隘，暮色苍茫中，一位年轻俊俏的姑娘手持正在熊熊燃烧的火炬，跃过障碍物，高呼着"为了共和，前进！"的口号向敌人阵营奋勇冲去，波拿巴分子罪恶的枪声响了，姑娘不幸倒在了血泊之中……巴托尔迪亲眼目睹了这一悲壮的情景，心情如火山喷发的岩浆，久久无法平静。从此，这位高擎火炬的勇敢姑娘，就成为他心中自由女神的雏形，随着岁月的流逝，愈发巍峨、高大起来。

巴托尔迪接受神圣的重托是在1865年，当时，由法国人民捐款，决定建造一座象征自由的塑像，作为法国政府送给美国政府庆祝美国独立100周年的珍贵礼物。1869年，自由女神像的草图设计完成之后，巴托尔迪便全身心地投入到雕塑工作中去。他专程赴美游说，以争取美国人的认可和支持。谁料想美国人"不开窍"，迟迟"激动"不起来。直到1876年，巴托尔迪参加在费城举行的庆祝独立博览会时，为引起公众关注，索性把自由女神执火炬的巨手拿出来亮相，才引起一场不小的轰动。摆放在人们面前的这只巨手仅食指就

无言勇士与
嘶鸣战马

环绕自由女神自由飞翔的海鸥

长达2.44米,直径达1米多,而火炬的边沿上可以站立12个人。太不可思议了!这件几天前还鲜为人知的雕塑品顿时身价百倍,成为街谈巷议的头号新闻和人人渴望早日欣赏的艺术珍品。很快,美国国会通过决议,正式批准总统提出的接受自由女神像的请求,并确定贝德勒斯岛为建造、矗立自由女神像的地点。

按照巴托尔迪的设计,自由女神像全部用铜铸成,外壳的铜片厚度为2.38毫米,皆由铜片拼接,前后相连,严丝合缝。为把这样一个巨大铜像支立起来,就必须要有一个与之相匹配的钢架,幸运的是,这个钢架由著名工程师亚历山大·居斯塔夫·爱菲尔设计,他就是驰名寰宇的巴黎埃菲尔铁塔的设计人。据说,自由女神像的钢架设计至今仍被视为一个卓越的力学成就。出于精雕细琢的考虑,巴托尔迪一共塑造了4个自由女神像,虽说形状一模一样,但体积一次比一次大,形象越来越生动逼真,直到最后一次才心满意足,大功告成。自由女神像用铜片装裹完之后,在脚手架的包围里从巴黎城的千楼万厦中巍然耸立起来。然而,这里只是它的"诞生之地",而并非它的"扎根之地",它又被拆卸下来编号装箱,等待运到美国"涅槃再生"。

一只海鸥的幸福时光

历史会永远记住这个日子:1884年7月6日,自由女神像正式由法国馈赠给美国。8月5日,自由女神像底座奠基工程动工,由著名建筑师亨特设计。1886年春,75名专业好手爬上高高的脚手架,用830万只铆钉把自由女神像的一块块组合体钉到它的骨架上。10月中旬,自由女神像的建筑终于全部竣工。28日,美国总统葛洛佛·克里夫兰亲自主持自由女神像的揭幕典礼。其时,礼炮齐鸣,国旗飘扬,港口里所有的船只都鸣笛致意,自由女神像被誉为"照亮世界的自由神之像",潮水般的人们簇拥在贝德勒斯岛上,怀着激动的心情翘首仰望自由女神像第一次展露她庄严而又慈爱的面容……

在自由女神像的基石上,镌刻着美国犹太裔女诗人爱玛·拉扎勒斯的诗篇:

送给我你那些/疲乏的和贫困的/挤在一起渴望自由呼吸的大众/你那/熙熙攘攘的岸上被遗弃的/可怜的人群/把那些无家可归的饱经风霜的人们/一齐送给我/我站在家门口/高举起自由的灯火!

"不自由,毋宁死",是美国人最珍视的信条

　　这首诗写于自由女神像落成的前3年，大气磅礴，纵横捭阖，是召唤，是预言，更是赞颂——赞颂美国的被称为"自由"的精神。历史上，美国人曾经没有自由，被英国殖民主义者独裁统治着。随着北美殖民地人民反抗英国殖民主义者斗争的加剧，大陆军总司令华盛顿声言："美利坚，是做自由人，还是做奴隶，决断的时刻已在眼前。"在争取做"自由人"的战斗中，大陆军中的一名文化战士裴因也曾经在行军途中写下振奋人心的《美国危机》一文："现在是考验美洲人民魄力的时候了。在这场危机中，那些意志薄弱的人们——那些只能过好光景的士兵和在顺利环境中当志士的人们，在要为祖国和人民服务时却畏缩不前了。今天只有真正经受住考验的人们，才值得全国男女的爱戴。"自由，真正是比生命更宝贵，比爱情价更高的东西呀！

　　我走入自由女神像底座的后门。这是一个高达47米的方形建筑物，里面有"自由女神像建筑史"和"美国移民史"两个展览室。那一件件陈列的实物和一幅幅挂着的图片，吸引着众多的观光者驻足瞻仰，从他们的表情与目光中，会感到一种思索、一种力量。乘电梯到底座的顶端，是环绕在自由女神脚下的四方形长廊。伫立长廊，凭栏眺望，映入眼帘的是纽约市区的景色和大西洋上的水色天光，曼哈顿岛历历在目，那里是纽约的中心区和神经中枢，它的一举一动都影响着整个美国，标榜着美国的经济实力和发展势头。当

服装大师的黄昏

曼哈顿打"喷嚏"，美国就会"感冒"

时，我怎么也想不到，仅仅在几十天之后，世贸中心这样两幢纽约的标志性建筑，竟然在恐怖分子发动的骇人听闻、前所未见的恐怖袭击中为自由和财富付出了沉重的代价！美国人最感欣慰的是自由女神像幸免于难，并目睹了"9·11"事件的惨烈画面，这使得她在今天告诫人们的无声箴言中，又增添了一个极为重要的内容。许多美国人都说他们从自由女神像那里接收到了这种信息。

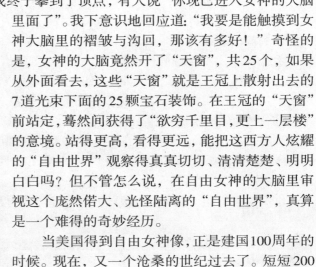

从底座顶端自由女神的脚下，便可攀登盘旋楼梯，进入自由女神的躯体之内了。这个旋梯共171级，从自由女神的脚跟一直抵达右手所擎的火炬处，我参观时旋梯只开放到111级，即抵达自由女神的头部。当我终于攀到了顶点，有人说"你现已进入女神的大脑里面了"。我下意识地回应道："我要是能触摸到女神大脑里的褶皱与沟回，那该有多好！"奇怪的是，女神的大脑竟然开了"天窗"，共25个，如果从外面看去，这些"天窗"就是王冠上散射出去的7道光束下面的25颗宝石装饰。在王冠的"天窗"前站定，蓦然间获得了"欲穷千里目，更上一层楼"的意境。站得更高，看得更远，能把这西方人炫耀的"自由世界"观察得真真切切、清清楚楚、明明白白吗？但不管怎么说，在自由女神的大脑里审视这个庞然偌大、光怪陆离的"自由世界"，真算是一个难得的奇妙经历。

当美国得到自由女神像，正是建国100周年的时候。现在，又一个沧桑的世纪过去了。短短200多年的历史，美国这个年轻的国家充满了变化的活力和出人预料的奇迹。"不自由，毋宁死"，曾是她的国家的人民最珍重的信条。当人们在自由女神像下浏览一部美国史，掩卷之后没有沧桑，有的却是对难以把握的风云变幻的惊叹。也正是这种惊叹，使得不少人将展望美国的未来视为一件棘手的事情。不过，我坚信，只要自由女神像不倒，

本书作者在
自由女神像前

自由的真正内涵和精神实质就不会被亵渎、曲解，自由女神像所表达的人民对自由的热爱和渴望就会永远存在。

站在自由女神像下，这是一个多么令人感慨的时刻。她那庄严而美丽的仪容，刚劲而柔情的形象，都永久地镌刻在了我的心灵深处。望着巴托尔迪的这不朽之作，不知为何，我的耳畔又响起丹尼尔·乔治的金石之言："自由啊，多少罪恶假汝之名以售其奸！"

站在自由女神像下，我默默无言。

10

五角大楼的悲哀

五角大楼：世界头号军事超级强国美国国防部"安身立命"之所在

　　当我伫立在华盛顿西南部、阿灵顿国家公墓南侧、波托马克河以西的一块草坪上时，我被这幢号称世界上占地面积最大的办公建筑物震动了，这就是世界头号军事超级强国美国国防部"安身立命"之所在。因整个建筑的外形呈五角形，所以人们都习惯称之为"五角大楼"，久而久之，约定俗成，五角大楼成了美国国防部的正式代称。

　　可以说，从1943年1月15日这幢耗资达8300万美元的浩大工程在第二次世界大战烽火硝烟的严峻局势中竣工之后，这个世界上所有的战事几乎都与它脱不开干系；而所有美军进行的重大军事行动，无一例外都是在五角大楼运筹帷幄、策划指挥的，一组组电波在这里汇聚，一道道命令从这里发出……五角大楼，真正是既招人爱又惹人恨，让人欢喜让人忧愁！对五角大楼来说，柏林墙的倒塌、德国统一、华约解散、苏联解体这一系列的变化意味着：敌人

展开国旗的时刻

消失了。而"敌人消失"对于美军和它的统帅部的真正含义是什么？真不知道五角大楼到底想过没有？

我们看到，随着"9·11"事件中世贸中心和五角大楼的冲天烈焰、滚滚烟尘，人类战争史掀开了新的一面。这儿没有炮击轰鸣的战场，没有两军金戈铁马的对垒，甚至分不清敌我阵线，不知道敌人"高就"在哪里。当恐怖分子劫持民航客机这一"人肉炸弹"扑来时，五角大楼竟然没有任何应对措施，号称天下无敌的美国军事机器显得如此无能、如此软弱、如此笨拙、如此无奈！这，难道不是五角大楼的悲哀吗?!

五角大楼里的将军们毫不讳言美国是当今世界无可争议的军事强国。五角大楼麾下的武装部队拥有最充足的经费，装备着全球最精良的武器，拥有可以毁灭地球不知多少次的庞大的核武库。遍布五大洲四大洋的军事基地和快速机动远距离输送军事力量的能力，使得美国军事干预能力可以辐射到世界的任何一个角落。冷战结束后，美国人并不满足于这一切，每年更拨出数千亿美元的经费来维持和更新这支军队，并且加紧研制更多的高新技术武器装备，搞什么"导弹防御体系"，组建更具打击威慑力的"天军"部队，进行更频繁的面向未来

**浮出海面的
美军潜艇**

敌人的军事演习。总之一句话，五角大楼不遗余力不惜血本对其军队进行"未来化"（请注意：不是现代化）改造，以期使它更快、更高、更精、更强、更壮，成为一支集当代所有高新科技成果为一体的"数字化部队"。应该确切地说，这就是五角大楼为其军队确立

"军机"不可泄露

的21世纪发展目标。然而，非常遗憾的是，这种种努力，在"9·11"恐怖事件中都未派上用场，全世界都看得清清楚楚：不要说杀鸡用牛刀，美国的"牛刀"压根就没能碰上恐怖分子的一根"鸡毛"。有鉴于此，我以为，以"9·11"事件为界线，传统的战争定义已经改变，一场全新的"超限战"蓦然来临。

命运的安排让我有幸观赏到完整如初、姣好如昨的五角大楼。与许多国家的重要军事机构谢绝参观不同，五角大楼温情脉脉欢迎来自全世界的参观者。我从华盛顿市区乘坐地铁"进军"，便直抵五角大楼脚下，尔后进入参观中心。有趣的是，这里的导游不是摩登靓丽的小姐，而是风流倜傥的年轻军官。他解说时，不暴露任何军事机密，只用如下数字来表白五角大楼之大，它拥有办公面积380万平方米，最大容量可供45 000人同时办公，它的走廊总长度达29公里，大楼里有各种时钟4200个，饮水器691台，卫生间284座，各种电灯16 250只，平均每天更换灯管、灯泡250只。五角大楼里的电话线连起来至少有16.5万公里长，每天至少有20.6万个电话进出，每天收发的邮件高达120万份……不过，稍微有点军事常识的人，都能从这些数字中"感觉"到什么。关于五角大楼之

黎明前的导弹静悄悄

Super，还广为流传着两个笑话：一则说，某先生星期一走进大门，在宛若迷宫般的大楼里绕来绕去，星期五才走了出去，一看原来已经到了巴尔的摩。另一则说，有一摩登女郎向卫兵求援：赶快送我出去，我就要分娩了。卫兵说：挺着大肚子还来上什么班？那摩登

莞尔一笑的
美国大兵

女郎回敬了他一句：我进五角大楼的时候还没有怀孕呢！游客们听罢，无不哈哈大笑。五角大楼如此之大，但并不算高，地面以上只有5层，电梯仅有13部。但是，利用大面积坡道，工作人员可以迅速到达五角建筑的任何一层楼面，从楼内某一点到五角大楼中最远的任意一角，快步"行军"7分钟就够了。大楼底部有几十条汽车通道，以每小时30 000人的频率进出，丝毫没有堵塞现象。"大而有序"，也许这正是乔治·伯格斯托当年设计这个占地10公顷、共由5座5层同心五边形复杂建筑的初衷。然而，这个"初衷"在经历了58载风雨洗礼之后，竟然鬼使神差地被恐怖分子在瞬间击碎了！

在教堂里为
死难者祈祷的人们

位于华盛顿
白宫之侧的骑士雕
像

美国国防部的一位官员表示，五角大楼因恐怖攻击所蒙受的经济损失达1亿美元以上，而且将需要数年的时间才能彻底修复，耗费的美金要在10亿元之内。而更多的观察家认为：建筑上的修复时间长短并不非常重要，关键是若要"修复"恐怖分子袭击五角大楼阴谋得逞对美国人心理上造成的重创，却绝不是一件容易办到的事情，在相当长的历史时期内这个阴影都无法消失，挥之不去。想想也是，五角大楼，这个"战争之星"，世界超级军队、美军的统帅部都能遭受如此重创，对于熟知一百多年来本土基本上从未受过什么袭击的美国民众来说，还有什么安全感可言呢？他们从情感上或内心里都对此现实无法接受。五角大楼在一份防务计划指南中曾设想，美军在2000年后可能在下面8类情形下卷入战争行动：伊拉克入侵科威特；朝鲜攻入韩国；伊拉克和朝鲜同时发动战争；伊朗控制霍尔木兹海峡；欧洲某国发生内战；在某个冲突地区展开的联合国维和行动；参与联合国的人道主义救援行动；某个国家的内部叛乱危及地区稳定。请看！偏偏就没有设想到美国自己在遭受恐怖袭击后被迫打一场世界范围内的前所未有的反恐怖战争。呜呼！这，难道不是五角大楼的又一悲哀吗？

我要说，五角大楼不仅仅需要修复坍塌的楼层，迅速制定对付恐怖主义战争的新战略和新战术，才更是当务之急、重中之重。

11

世贸中心祭

当恋人还能看到世贸大厦的时候

当我访美拍摄这幅图片时，世贸大厦还是纽约的"地标"和骄傲，"9·11"灾难发生，它便荡然无存

　　本来我在本书中专门写了"世贸中心"一篇，现在不得不加上一个"祭"字，因为在恐怖分子无与伦比的最血腥恐怖袭击下，这对举世无双的"连体巨人"——纽约乃至美国骄傲的象征，已经惨变炼狱，在这个地球上瞬间消失，只把数不尽的冤魂，长留世间！

　　当我在丽日蓝天之下，沐浴着夏日和煦的柔风，乘坐高速电梯，登上这幢占地 6.5 公顷，高 414 米（另一幢高 417 米），共 110 层，号称"世界之窗"，耗资 15 亿美元（总造价），竣工于 1973 年的正方柱形建筑之顶平台采访时，哪里会想到竟有如此这般的惨剧发生？！我的留影以及我的关于世贸中心的采访记录菲林，已然成为千古绝照！当噩耗传来，我赶紧翻出照片再仔仔细细地端详一番，深感世事沧桑，变幻莫测，统统无胜于此！世界贸易中心的倒掉，也太让人不可思议了！

美国是一个在方方面面都激烈竞争、追求创新的社会，干什么都想力争第一，力拔头筹，以便引人注目，大出风头，在建筑方面更是如此。20世纪30年代，纽约冒出了高达1250英尺的帝国大厦，楼宇共102层，号称"世界之最"。据说，此为当时华尔街百万富翁拉斯戈布的点子，目的在于"比下"其时执"最高"牛耳的高达1050英尺的克雷斯勒大厦，从此帝国大厦在美元的支持下，在美国如林的高楼里称霸整整40年之久，直到1973年，世贸中心问世，比帝国大厦高出200英尺，旋使"最高"桂冠易

排队等候参观世贸大厦的各国游客

在世贸大厦上拍摄到的世贸大厦

主。谁料想，世贸中心却没有帝国大厦的好命，才领风骚数十天，1974年，芝加哥的西尔斯大厦拔地而起，又比世贸中心超出200英尺，"你方高罢我再高"，后来居上，最高建筑物的桂冠，又为西尔斯夺得，并一直保持至今。

虽说世贸中心不再是美国的"第一高"，但由于它的特殊位置和特殊功能，其名声威震五洲四海，绝对"盖"过西尔斯。当我在世贸中心顶端俯瞰，"压缩"了170万人口之众的曼哈顿岛尽收眼底，这儿是纽约的心脏和神经中枢，任何一丝"风吹草动"都会影响整个美国，正所谓"曼哈顿打喷嚏，美国就感冒"。而在我脚下的这两幢楼里，Office面积达84万平方米，"高级白领"满额工作时可达到50 000人之多，随便推开哪个楼层的哪个门，就是一家世界驰名的大公司，这话一点都不夸张。因此早就流传着一种说法：世贸中心不仅是知识中心，还是财富中心、精英中心和全世界的经贸中心。所以从这个意义上讲，"9·11"恐怖分子劫持两架客机对世贸中心作自杀式攻击时，他们袭击的不仅仅是美国，而是整个世界！正因为如此，浩劫之后，世界各大传媒有一则通栏标题惊人地相似："世贸冤魂，遍布全球"！

　　说句实在话，当我在世贸中心顶端凭栏眺望时，压根就没想到它会有今天这种结局。虽然那时知道恐怖分子久已"青睐"世贸中心，并曾多次准备用炸弹爆破（1993年2月恐怖分子曾以"汽车炸弹"袭击世贸中心，造成6人死亡，1000人受伤，经济损失超过3亿美元），但他们在强大的美国反恐怖威慑面前，还不具备彻底摧毁的那种能量和资源。若是说自然灾害，世贸中心的抗震级别为12级，庞大的钢铁骨架就是"我自岿然不动"的最好写照。若再设想外敌来袭，美国都有"星球大战"的本事，各种反导弹系统如箭在弦，谁是它的对手？谁敢与它叫板？也许这都是我的一厢情愿，恰恰这次美国中央情报局就大失水准，让人看得跌破了眼镜！恐怖分子如此疯狂而庞大的行动，为什么事先就没有丝毫预警和察觉？说来也让人纳闷，这次美国那么多世界一流的武器（包括卫星侦察设备和超级侦听仪器）都成了摆设，恐怖分子来了个"堡垒从内部攻破"的战术，一切"取"之于美国本土，一切"动"之于美国本土，终于酿成美国本土有史以来最严重的恐怖袭击事件，并在《吉尼斯纪录大全》上至少新续了如下几个条目：美国建国以来第一次颁布禁空令；美国股市有史以来第一次宣布"休市"；美国第一次在同一天之内非正常死去如此众多的国民；美国的航空公司第一次被成功劫持走这么多架次飞机……军事专家说，欲摧毁世贸中心，每幢楼至少也得用5枚以上大当量的巡航导弹，但恐怖分子只用一架飞机就办到了，还搭上了那么多无辜的生灵，痛定思痛，这里面血的教训难道还不刻骨铭心吗？

　　当我怀着一种沉痛的心情写作本文时，因世贸中心被袭坍塌的死伤与失踪者仍在不断增加。保险专家们则估算认定，这场人为的恐怖灾难的理赔金额约在50亿至250亿美元之间，将开创世界保险赔偿史上的最高记录。而更令我触目惊心的是，世贸中心遭恐怖袭击后，十几名待援无望的人，与其坐以待毙，不如纵身一跳，其中有对男女牵着手一前一后跳下，共赴黄泉；一名男子以跳水的姿势头部朝下，双腿还交叉得颇为优雅；还有一名女子是紧紧抓着皮包，感觉好像是落地后即召TAXI悠然离去。我完全可以理解那些跳楼者当时的心态，当他们站在窗台之上时，一边是呛人的浓烟，难以忍受的无情烈焰；另一边则是和风日丽、清新无比的空气。在那个时候，他们已经完全无法呼吸，巨大痛苦与恐惧一齐袭来，而剩下惟一一条逃避之路就是跳到远离灾难的地方，他们要"主导"自己的命运，直到生命的最后一刻。

　　世贸中心不复存在了，而它的名字将在历史的档案中长存，它的形象亦将永留天地之间。"9·11"事件已被美国军事专家称为"21世纪的第一场战争"。它的悲剧还在于，当年美国在珍珠港遇袭中，

世贸中心大厦顶层的电子设备

伤亡惨重，但马上就知道该向谁复仇；而此番世界头号超级大国遭遇如此奇耻大辱，直到今天还不能确认真正的元凶是谁，还在紧锣密鼓地追查核实之中，这些恐怖分子的"玩笑"也开得太大了。它从反面给全世界善良的人们上了沉重的一课：恐怖战争将是新世纪最主要的战争，"超限战"并非子虚乌有，活生生就在你的电视中上演！由此我还想到，当世贸中心在浓烟烈火中轰然倒下，我与很多人一样怀疑自己是在看一部高成本的美国大片，它惊心动魄的程度，恐怕连好莱坞的导演也望尘莫及，自叹弗如。"9·11"事件的幕后"导演"或许就是一个好莱坞影迷，这种以自杀方式袭击世贸中心的手段，令人想起前不久上映的《珍珠港》与《骇客攻击》，还有凯奇的《空中监狱》与哈里逊的《空军一号》。半个世纪来，美国上演的恐怖电影至少超过60部，而且绝大部分由美国人自己"制造"，如今电影里的镜头在生活中真实再现，这恐怕是所有美国人始料未及，想都没有想到和极不愿看到的情景。诚然，要当"世界警察"，就要准备承受任何牺牲。

　　但愿世贸中心的"英勇就义"，能为这个多灾多难的世界带来永久的和平。

欲与天公试比高

世贸大厦里的各国国旗，如今已成为历史

12

去硅谷看看

秋色如画

正在实验室里攻关的科研人员

到了加州，很多朋友都对我说："去硅谷看看！"硅谷，这真是一个让人如雷贯耳又神秘莫测的名字，要知道，在网络业如日中天、不可一世的日子里，硅谷每天创造出64个百万富翁，其中绝大多数都是年轻人。

临出发前，我习惯性地找出地图查阅，却根本找不到"硅谷"。原来，硅谷的地理学名叫"圣他·克拉拉谷"，是加州北起旧金山南至圣何西的条状地区，东接旧金山湾，西连圣克鲁斯山，历史上以盛产杏与核桃出名，又称"欢心谷"。

从20世纪70年代起，"欢心谷"被称为了"硅谷"，这倒并非此地硅的产量大。实际上，生产硅这种半导体材料所用的原料是沙子，沙子的主要成分是二氧化硅，世界上哪里没有？硅谷得名的真正含义在于圣他·克拉拉谷是当时世界上发展最迅速的半导体工业中心，因而，当"硅谷"的名字在当地一家杂志首次亮相后，便立即被所有传媒接纳，从此硅谷名驰全球，不仅用来表示该地区的地理位置，而且囊括了其整个社会经济实体，成为科技腾飞、经济繁荣的象征与代名词。

如今，美国人眼中的硅谷，已经很大了。掐算起来，大小城市20余座，并且连成一片，其中包括美国第十一大城市圣荷西、斯坦福大学与惠普总部所在地柏拉阿图市、雅虎和英特尔的大本营圣他·克拉拉市等。从广义上讲，美国人常说的硅谷还包括与它有密切联系的一些周边湾区城市，如世界著名学府加州大学伯克利分校所在地伯克利市，这里虽距硅谷中心有上百公里，却是硅谷科技与经济活动不可分割的一部分。此外，像这样的硅谷卫星城还有"莫甘山"、"核桃涧"、"快乐地"等十余座，要真是把硅谷看"全"看"好"，那也真不是一件容易的事呢！

专家们的工作午餐

进入硅谷，首先我没因为我是中国人而感到"鹤立鸡群"，同胞的面孔比比皆是。据说19世纪中叶西方开拓者抵达这里后不久，"龙"的足迹也就印在了这块宝地上。当今国人稔熟的雅虎和它的掌门人杨致远，就是从这里开始创业的。1995年，20岁出头的杨致远贷款400万美元创立"Yahoo"，到1998年，该公司市场总值已达120亿美元，股票每股100多美元，财富的增长在高科技的包装下达到何等"疯狂"的地步，人们可以在此叹为观止！目前在硅谷的200多万居民当中，亚裔人口占到1/5强，而中国人又在亚裔人口中占到多数。数以万计的华裔工程师现在不仅是华人社会的中坚力量，而且更是硅谷的骨干。硅谷早就流传着一种说法：一个高科技企业中若有华人工程师在干事，它的技术力量就一定不会差。眼下，华人创业蔚然成风，接触硅谷科技界的各个层面，了解到近年来华人成立新公司数目近2600个，由华人担任总经理的硅谷公司大约有2000多家，年产总值达130多亿美元，他们既是硅谷中的一支"劲旅"，又为亚太地区高科技的发展带来启示与动力。

进入硅谷，我看到，所有不同种族的人在这里和谐相处，多元文化共同生长，相得益彰。当脱离了种种传统、固定的生活模式之后，人们的创造力得以最大限度发挥，造就了硅谷不可多得的物质与文化财富。硅谷的人种混杂并未导致社会混乱和种族歧视，相反却为其发展提供了宝贵而特殊的人力资源。在硅谷，选择机会极多，"跳槽"易如反掌，"炒鱿鱼"也是家常便饭。昨天你还是老板，今天你可能就成为打工仔。成功了是英雄，不成功的也未必就是狗熊，硅谷里有那么多雇主，不愁找一碗饭吃。美国已由工业社会进入知识经济时代，硅谷可以说是完成这一重大转变的"样板"。甭管你是学士、硕士还是博士，三天不学习，你就会感觉头脑空虚、知识老化，你就混不下去，就会被淘汰出局。据陪同我的美国朋友说，11年来，硅谷的就业职位增长了30%，达到130万个，产品出口额从200亿美元增加到400多亿，翻了一番。硅谷的年平均工资达到5万美元，远远高出全美国的平均水平。硅谷现有25万个百万富翁，而且还以每天60多个的速度增加。以硅谷的总产值来计算，如果有一天它宣布"独立"，这块面积不到4000平方千米，人口仅有230万的土地，可以毫无愧色地号称"世界第n号经济强国"。

进入硅谷，人们可以尽情"寻找"漫步于世界上最先进高科技产业中心是一种什么样的"感觉"。就是在这样一块平凡的地方，聚集了3000多家高科技企业，全球前100家最大的电子和软件公司当中，有20%在此落户扎根，而且平均每周还有10多家新公司挂牌诞生。硅谷的总价值已达5000亿美元，它宛若一个巨大的推进器，带动

树叶绿了，春天来到硅谷

美国及世界高科技产业迅猛发展。过去几年中，美国工业增长的"半壁江山"都来自高科技产业，而其中主要的动力来自硅谷。如今，硅谷的每一项重大发明，每一个创造成果，都会在世界范围内激起强大的冲击波，强烈地震撼着人们的生活。稍微留意一下，寰宇之内，与硅谷有关的科技成果比比皆是：个人电脑、集成电路、信息网络、航空航天、激光手术、心脏移植、基因分裂、克隆技术等等，除人们能够接触到的，还有千千万万发明、制造于硅谷的电子仪器和器件在无形有形中促进着整个人类文明的进步。40多年来，硅谷的科学家们在物理、化学、医药、经济等领域一共获得30多项诺贝尔奖，硅谷的科技成果是世界上任何其他地区都无法比拟的。

美国巾帼不让须眉

进入硅谷，人们都会叩问硅谷成功的秘诀是什么？如果是中国人的话，又会思考它对中国的意义。有人说的好：学硅谷，不但要学它的"形"，而且更要学它的"神"；还有人说的更好：学硅谷，关键是学硅谷人的独创精神，学习它在经济社会里的"以人为本"。我看到，硅谷里个人高度自由、机会高度均等，哪里能发挥最大限度，就在哪

里痴情"折腾","山中无老虎，猴子称大王"，天生我材必有用，谁升起，谁就是太阳！我看到，硅谷企业与科研院校之间密切联系，联邦政府的财力支持，巨额的创业投资，开放的企业文化，高素质的工作群体，广泛的技术交流和激烈的市场竞争……所有这些因素会聚起来，编织出硅谷中的一个个传奇故事。我看到，硅谷聚集着丰富的脑力资源，世界一流人才在这里一抓一大把，他们为硅谷的技术创新提供了最丰厚的土壤和后备支援。我看到，硅谷的信息交流异常活跃，每当新知识、新想法、新技术诞生之后，便立即通过多种快速流畅的传播途径被接受、掌握，在"多米诺骨牌"的效应之下，引发新一轮更深入的研究和探索，周而复始，这是在更高层次和更尖端水平上的复归。我还看到，从一个半世纪前的淘金热开始，来到此地的人都怀有开拓新生活、寻找新机会的梦想，比寻常人更富于冒险和独创精神。勇于创业、容忍失败、鼓励冒险、不惧磨难，这些就是硅谷人的"基因"，"克隆"出硅谷独特的创业文化，它就像硅谷七彩的阳光和巍峨挺拔的棕榈树一样，自然而然地"天然"存在……

硅谷沐浴在晨曦之中，创造性的一天拉开了帷幕

进入硅谷，我想把硅谷的方方面面都作一番深刻的透视，但这是不可能的。硅谷是一部博大精深的"创业全书"，不下工夫"读"只能半途而废，一无所获。但我可以竭尽全力把硅谷人对中国的祝愿，记录下来，写在书上，也算是在硅谷中"淘"到了一块无形的黄金。当"科技兴国"、"知识经济"的大潮奔腾汹涌，方兴未艾，国人怎么能够继续满足于"你上网了吗"这句最时髦的口头禅？有人对中国赶牛车的老汉手里拿上了摩托罗拉"大哥大"感到百思不得其解，其实这不正是一个古老国度正在划时代嬗变的最佳写照！借鉴硅谷，就是要实行"拿来主义"，当然，"拿来主义"不是依葫芦画瓢，不是照本宣科简单地复制"克隆"，拿来主义一样要取其精华，去其糟粕，在融会贯通硅谷精神实质的同时标新立异，多有独创，从而创立适用于中国自己的企业文化，建立起具有中国特色的高科技中心——中国硅谷。

去硅谷看看，看一看各路精英智慧大比赛。

去硅谷看看，看一看这个世界变化有多快。

13

面对尼亚加拉

心灵的对话

尼亚加拉留
给世界多少惊叹

在去尼亚加拉大瀑布的路上，我问美国的同行："尼亚加拉"是什么意思？同行告我：是印第安语"水声如雷"的意思。当我身临其境亲自感受到那天河狂泻的磅礴气势和震撼云霄的奔雷惊涛之时，我感到这是我永生难忘的时刻。

尼亚加拉大瀑布，大自然母亲的创世杰作！

尼亚加拉大瀑布，震撼人类心灵的玉液琼浆！

1613年，法国人沙弥尔成为第一个来到尼亚加拉大瀑布的旅行家。至今，瀑布所在地已发展成为一个拥有10万多人口的城市，名字就叫"尼亚加拉瀑布市"（City of Niagara Falls）。这个城市因瀑布而得名，因瀑布而成为旅游胜地，因瀑布而赚到大把大把的金钱，就连美国前总统卡特夫妇为庆祝金婚，也特来这里再度"蜜月"。还有一些政党及团体来这里开大会，发表的宣言就叫《尼亚加拉瀑布宣言》，据说，这种"宣言"多的林林总总，数不胜数。

尼亚加拉大瀑布由大小两个瀑布组成，小瀑布称"美国瀑布"，在美国境内，高达55公尺，瀑布的岸长为328公尺；大瀑布称"加拿大瀑布"或"马蹄瀑布"（形状犹如马蹄），在加拿大镜内，高达54公尺，岸长640公尺。两个瀑布的水源同来自伊利湖和安大略湖，可是只有6%的水从美国瀑布流下，其他94%的水都从马蹄瀑布流下，因而马蹄瀑布更为壮观。

人的渺小与瀑布的伟大

瀑布一个在加拿大，一个在美国，可"脸"都朝向加拿大，因此要一睹其真貌，须到加拿大这边看才"过瘾"，或是乘船到瀑布底下的尼亚加拉河才能看得精彩。这条河上高耸着一座"彩虹桥"，也根据界河而划分，一端属加，一端归美，游客站在桥上的分界处，一脚踏一国，可以得意地宣称："我同时踏上了两个国家！"

尼亚加拉大瀑布的高度是随水位的高低而变化的，当水从波涛万顷的高处冲下，到了河底，溅起的浪花竟有100多公尺高！唐朝大诗人李白的名句"黄河之水天上来"用在这里，我看真正是惟妙惟肖，恰如其分。尤其是马蹄瀑布，由于水量极大，昼夜以雷霆万钧之势飞流而下，溅起的浪花和水汽直冲云天！此时，登上"雾中少女"号游艇观瀑，那更是一番诗意般的历险之游！"船"在英文里属于"女性"，船在瀑

疑似银河，飞落九天

布底下行，"雨"在游人头上洒，水花伴水汽，激起千堆雪！从岸上俯瞰，游艇恰似"雾中少女"，缥缥缈缈，若隐若现，透出一种惊心动魄的朦胧之美……船先靠近美国瀑布，因为它的"折腾劲"不是太大，因而仰看瀑布，能把尼亚加拉的真面目看个清清楚楚。而驶向加拿大的马蹄瀑布就大不一样了，因为它水量太大，惊涛万顷，巨浪排空，有一泻而不可收拾之慨！朵朵浪花和阵阵雨点，噼噼啪啪敲打着游人全身的雨具，让你除了倾听那震耳的涛声之外，无法再进一步窥得它的艳丽容貌。虽然在船上欣赏的时间前后只有30分钟，但这应该算得上是"世界上最为难得的水上旅行"。

　　如果登高望远，观看尼亚加拉大瀑布的情景，那就是另一番情调了。两座高塔分别建在离瀑布不远处。一座靠近美国瀑布，塔高158公尺，名曰"SkylonTower"，含有"天塔之塔"之意；另一座靠近马蹄瀑布，塔高加上山高，总高160公尺，名曰"Heritage Tower"，含有"传统之塔"之意。当天气晴好，伫立塔顶极目远眺，可以清晰地看到加拿大的多伦多市、美国的布法罗市以及伊利湖、安大略湖、尼亚加拉河上游的旖旎风光和瀑布附近世界最大的水力发电厂全貌。至于尼亚加拉大瀑布，那当然更不在话下，让你居高临下，得天独厚，一饱眼福。

尼亚加拉空中的观瀑缆车

　　夜幕降临，尼亚加拉大瀑布的景色更是美不胜收。从塔顶望去，到处是绚丽斑斓的灯光，组合成妙不可言的奇幻画面。在加拿大这一边，特地用最新型的激光束来映照马蹄瀑布，因此比白天愈加多姿多彩，瑰丽辉煌。在美国这一边，各种新潮灯源一起"登场"，把夜间瀑布装点得别具风韵，让人赞叹！你看，当白光照去，瀑布有如乳浆倾盆而下，当青光挥洒，瀑布恰似绿色波涛汹涌激荡；当红光点缀，又似葡萄美酒由天而落……

　　尼亚加拉大瀑布如此壮美，让人不可理喻的是，这里竟然成为除了旧金山金门桥之外，美国第二大户外"自杀胜地"！每到夏天，似乎就进入了自杀旺季，那些不远千里、万里蓄意而来的自杀者，带着不同的"厌世情结"，义无反顾、慷慨悲壮地纵身跳入奔突咆哮的大瀑布之中。而且让人迷惑不解的是，自杀的最热门时间是每个星期一下午4点。据警方说，要统计每年总共有多少人跳瀑布自杀是很困难的，因为许多自杀案件未必有人目击到，也不是每具尸体都能寻找回来。要在瀑布下面捞起尸体并非易事，尸体往往会被巨大的吸力吸进漩涡中心。打捞时,水警往往要出动一整队喷气快艇以高速抗衡吸力来接近尸体,然后抛出巨型金属笼子去"网捕",有时甚至还要出动直升机在空中协助。至于那些冒险的漂流者,能被鲜花簇拥戴上勋章的也极为罕见,可谓凤毛麟角。想想看,冒险者坐在大木桶里,从53米高的瀑顶飞抛而坠,幸运者也许能死里逃生漂到岸边,大部分则被几百吨的"水弹"压得粉身碎骨,灰飞烟灭。于是乎,大瀑布里飞出的不仅有震耳欲聋的风声水声波涛声,更有拿生命与死神开玩笑的芸芸众生在最后时刻的惊呼声、怪叫声、哀鸣声……

当夜色深沉,瀑布的"吼声"更加清晰,更有节奏了,宛若战场上的千军万马,擂响金鼓,挥动剑戟,由远及近,由近而远,浩浩荡荡,势不可挡!这里没有懦弱的标志,一切都是力量与意志的象征,冒险与创新的探索,它比任何语言都具有感召力和说服力。在尼亚加拉大瀑布面前,我再次感到人类的渺小和大自然的伟大。尼亚加拉,你还要馈赠人间多少惊雷?!尼亚加拉,你还要留给世界多少惊叹?!

夜幕下的瀑布流光溢彩,更为壮观

在尼亚加拉公园观瀑别有一番韵味

14

徜徉好莱坞

好莱坞入口处的"好莱坞人"雕像

开心时刻

凑热闹的乐手

　　1911年，随着美国第一部故事片《基度山恩仇记》在洛杉矶开拍，制片商发现了好莱坞"新大陆"，一旦进入，他们便感激上帝的垂爱：在方圆200多英里之内，平原、沙漠、峻岭、峡谷，各种地形和景色齐备，真正是拍摄电影的绝妙天地。从20世纪20年代起，好莱坞便戴上了电影王国首府的桂冠。如今，好莱坞著名的电影公司有米高梅、华纳、派拉蒙、哥伦比亚……号称八大家。

　　环球影视城在它的导游册上就这样夸下"海口"："全世界只有一个好莱坞，好莱坞里只有一个环球影视城。总统、首相、王后、公主都来此参观电影制作的第一手妙技。再没有别的地方比得上环球这个规模最庞大、最繁忙的电影与电视摄影场里可以获得的刺激与快乐了。"自1964年环球影视城开业以来，迄今为止已有约6000万人来此观光过，为老板赚来滚滚美钞。特别是当电影业处于"低谷"时，环球影视城就是靠的"这一手"挽救了它的经济危机。

好莱坞代表的俗文化无所不在，但我还是要去寻找它的"所在"，寻找它的历史，于是惊叹：好莱坞空无一物又无处不在，好莱坞没有主人，只有匆匆的过客。玛丽莲·梦露是好莱坞历史上的一个最大的"谜"。她的香艳艺名可以说是中国人的译名佳作，其实她的本名朴素得惊人，叫做"Norma Jean Baker"。1944年她与FOX电影公司签约做模特儿，周薪75美元，开了电影业性感女郎的"先河"。1954年，玛丽莲·梦露开始走红，之后成为好莱坞耀眼的明星，她曾如此自白："好莱坞无所不用其极，充满了谎言和对金钱的追逐……比起我梦想的天堂，它不过是人间的凡土。"人们看到，一方面是成功，好莱坞呼风唤雨的明星被誉为"女性拿破仑"；另一方面是脆弱沮丧与惊恐不安，她付出了所有，似乎也得到了所有，但是，恰恰却少了一样最珍贵的——人的尊严。1962年8月3日深夜，当她红得发紫的时候，她却撒手人寰。据说是自杀，还有说是他杀，她的死至今仍然是人们茶余

出现在电影里的是悲剧，出现在生活中的便是闹剧

以假拍真

饭后议论的话题，她留下的无数照片如今都成了最赚钱的精美画册，无论是丰满圆润的乳峰，还是雪白肉欲的大腿。但还是有人要说：从玛丽莲·梦露的走红到消失，凸显出好莱坞电影艺术的颓废和没落。

不管怎么说，许多人还是想借好莱坞这个"喇叭"为自己扬名。譬如说这里的名人人行道(Walk of Fame)就是个最好的例证。中国人是忌讳将大名刻在地上让人肆意践踏的，在好莱坞却是一件梦寐以求的好事：一条人行道中央，刻着近2600颗五角星，其中近2000颗的中间已经填满明星的大名。据称，具体哪一个能入选由当地商会决定，费用5000美元左右，往往是由影迷集资代付。颇让人值得回味的是，有人被入选了坚决放弃(如简·方达)，说是不愿与白雪公主、米老鼠等辈为伍；有的一人占了五颗星(如集演员、歌手、制片人为一身的Gene Autry)，说是这样才算有"谱"；有人争到了一星之地，而大名却不知是被疏忽还是被别有用心的人刻错了（如将嘉宝引进好莱坞的瑞典导演大名是"Mauritz"而非"Maurice Diller"），使得他抱怨名没出成反被错名连累。实际上，好莱坞和有关好莱坞的故事层出不穷，连篇累牍，

好莱坞"水世界"里的血火大海战

你只有来到好莱坞，才明白它的一切都不是真的

却总是在重复，惟一不同的是：出现在电影里的是悲剧，而出现在生活中的便是闹剧。

西部牛仔与土匪的枪战表演，可以说是好莱坞表演舞台上最扣人心弦的一幕。在一个小镇上，头戴宽沿帽，身穿麂皮马甲的牛仔与腰挎手枪、足蹬皮靴的匪徒遭遇，便在小镇的楼上楼下、屋前屋后展开激烈的枪战，真正是道高一尺，魔高一丈，虽未走壁，却也飞檐，打的枪声阵阵，血溅滴滴，你善逃跑，他更善追击，最后终于让匪徒"死"在了牛仔的枪下。由于各种电影特技的运用和高手演员的精彩表演，真让每一个观众大开眼界，赞不绝口。还有那个耗资千万美元的水世界(Water World)，打的简直就是一场现代化的

好莱坞里观看精彩表演的游人翘首以待

海战，战斗最激烈时，连轰炸机都不知从哪儿飞了进来，直让人心惊胆战！游人还可以乘坐好莱坞提供的免费巴士前去占地420英亩的世界最大电影制片厂制作车间参观，在这儿，可以从容目睹神奇的太空之战、大地震等惊险镜头的拍摄以及特殊效果车间演绎的大金刚、山洪暴发、十诫电影里摩西过红海的传奇情景。此外，还可以亲身体验和领略"大白鲨"、"侏罗纪公园"、"外星人ET"、"魔鬼城历险"等精彩节目，乘坐《回到未来》(Back To The Future)片

中那部穿越时空的"特殊列车",去做愉快的星际旅行……然而,你千万不要把它们当真,千万!它们统统是高科技杰作下的"以假乱真"和"循环往复","你要去了好莱坞,才相信它不是真的"。

进入21世纪,好莱坞又掀起了"特许权"电影热。好莱坞并非想用特许权电影来博得影评家的欢心,它是在设法献媚取悦于华尔街。在这个纵向联合的新时代,投资者特别青睐特许权电影,因为它每往前挪动一步都能带来可观的收入。电影成功多久能引来他人的效仿?在好莱坞,只需48小时。2000年夏,环球影片公司董事长斯塔塞·斯奈德与制作经理凯文·米舍坐在审片室中,检查续拍片《木乃伊归来》的整套原始脚本。屏幕上,角斗士"岩石"系着缠腰带跑来跑去,吃着臭虫,讲一两句阿拉伯语。斯奈德和米舍知道,他们正在目睹一位新的动作片英雄的诞生。他们立即在"岩石"面前抛出500万美元,诱惑他参加《木乃伊》续集的前传拍摄。之后,影片《蝎子王》就开始以沙暴席卷死人谷的势头,登陆各大影院,仅从票房角度讲,这部影片就大获成功。长期以来,电影制作是赌徒的职业,投下数百万美元赌注,往往会以闪电般速度输个精光。如今,电影公司在设法使电影业变得可以

预测并有利可图,就像给顾客端上一杯摩卡冰冻咖啡一样,你会发现如今电影公司的运作更像是星巴克,而不是恺撒宫。每家电影公司不是将精力集中在尝试戏剧或黑色喜剧的拍摄上,而是在拼命弄一些单从名字就能完全理解其内容的故事片,例如,《蜘蛛人》《星战前传Ⅱ——克隆人的袭击》《小狗斯考比》等。这些影片被称作"特许权影片",它们让好莱坞做生意的方式发生了翻天覆地的巨大变化。按照传统,电影制作始于电影剧本、导演和演员。特许权电影的运作是典型的从估计影片能赚大钱再到如何编排故事情节的逆向方式。华纳的产品开发部门估算,如果拍摄一部关于智擒罪犯小狗的电影,彩色画册和毛绒玩具的销售就能带来3000万美元的额外收入,于是,华纳公司便推出了《小狗斯考比》。还记得为电影建造主题公园是什么时候的事吗?如果采用了流行文化的某些内容并很好地利用它,回报可能是惊人的。对于迪斯尼制片公司来说,这是千真万确的。对于观众而言,特许权电影应该是迄今最了不起、最令人着迷的事情。有什么比没有结尾的电影还好呢?激发续

明星豪宅里
的豪华泳池

明日之星的眺望

65

拍热的卖座影片——《星球大战》和《夺宝奇兵》——是热闹的娱乐活动，而观赏每一部新拍的续集实际上是大众顶礼膜拜的仪式。好莱坞对续集、录像带和仿造动作明星的塑料玩具如此着魔，说来说去还是着魔一个"钱"字。米高梅公司副总裁克里斯·麦格克就估算拍摄《007》续集的特许权价值近20亿美元，他正在努力让《律政俏佳人》也成为一部特许权影片。他在设法给该片拍一部同名续集——这位金发美女在本集中要竞选总统，并且要将其改排成一部百老汇音乐剧。他还希望将《洛奇》改排为一部音乐剧。好莱坞的电影商很有自信地说：有特许权电影赚的钱有"滴入效应"，它有助于为更多大胆且严肃的影片筹措资金。"戏剧本身是棘手的"，而

历史的倒车

环球公司的斯奈德则坦言，即便该公司以《美丽心灵》一片夺得了奥斯卡的最佳影片奖，他说，"不过对于我们来说，特许权电影让我们有勇气进行其他的尝试"，继续大赚其钱!1999年我看到，历时9年打造出的一个新"木乃伊"赢利1.55亿美元。2001年，《木乃伊归来》盈利2.02亿美元。由此而言，好莱坞就是一部高速运转的印钞机，不是更形象生动吗?!

前来游览好莱坞的人有多少？我说不清；顶礼膜拜好莱坞的人又有多少？我还是说不清。我看到的是不少人对好莱坞山上"HOLLY WOOD"这9个14米高的字母注目出神，我还看到有的人对比华利士山上那些老牌、新牌电影明星的百万、千万美金的豪宅深有所思。是的，在那儿，玛丽莲·梦露曾和肯尼迪偷情，伊丽莎白·泰勒与她的6个前夫欢聚……好莱坞到底是个什么东西？我回答不了，还是美国人对自家的国粹有独到的见解："好莱坞有双重性：它是一种心态，它是一个地点。作为地点，它在洛杉矶，但只是美丽的微笑，因为它空无一物；作为心态它还存在……是彩虹的尽端，是熔炉、是陆地的边缘。"

其实，当任何一个人走进好莱坞时，好莱坞人物约翰·华纳就会告诉你："电影本来是高价的梦，就是这么回事，可惜认识到这一点的人不多。"

15

迪斯尼传奇

花一样的童年

迪斯尼包裹着的其实是一个"生意"的内核

　　早就听说迪斯尼乐园是儿童乐园，我的儿子都已告别了童年，我还去迪斯尼干什么？可是，洛杉矶的朋友告诉我：迪斯尼举世闻名，老少咸宜；节目丰富，内容精彩。有白雪公主城堡、小小世界、恐怖鬼屋、非洲蛮荒探险、加勒比海海盗船、新干线以及刺激万分的云霄飞车、星际历险（Star Tour）等，更可与 Indiana Jones 一起冒险及寻宝，令你重新找回童年的欢乐。

　　曾经有一个小孩问迪斯尼："米老鼠是你画的吗？"迪斯尼回答："不是。""那么，那些滑稽逗人的故事是你编的吗？""也不是。"在迪斯尼的一再否定之下，小孩终于忍不住发问："那么，我要问你，你到底是干什么的呢?"迪斯尼答曰:"我是一只小蜜蜂,飞来飞去刺激人。"迪斯尼回答得非常形象。的确,如今他这只"小蜜蜂""刺激"的不光是美国人,而是全世界的人。

迪斯尼(Walt Elias Disney),1901年12月5日生于芝加哥,排行第四,母亲当过教师,父亲经营过农场,最终未逃脱破产的厄运。在这种家境中成长,迪斯尼养成了一种倔强的性格,并且迷上了美术。1923年7月,迪斯尼独闯洛杉矶,以10美元租金,租下一间储藏室,这就是日后名震遐迩的"迪斯尼兄弟影片公司"的雏形。当时,他主要搞的是动画片。一次偶然的机会,在他狭窄的办公室,他看到一只拥挤在画桌前的蹦蹦跳跳的小老鼠,霎时,一个崭新的动画片形象浮现在他的脑海,他迅速拿起画笔,将其勾勒下来,他叫它"Mortirner Mouse",太太说不好,献计道:不如叫"Mickey Mouse(米老鼠)",至此,如今风靡全球的米老鼠诞生了!

迪斯尼世界的主街叫:Main Street,每天都有蹦蹦跳跳、摇摇摆摆、快乐活泼的"动物"前来迎接客人,他们都是由人扮演的迪斯尼动画片里的角色,其中米老鼠最惹人喜欢,他们一个个长有招风耳、圆眼睛、周身

迪斯尼世界的主街:Main Street

两个孩子与一个明星动物的快乐

是夸张的圆形曲线，最让孩子们喜爱。许多大人等自己的孩子与米老鼠合影后，也非要过来与米老鼠套套近乎，并"留此存照"。在主街的尽头是一座白雪公主城堡，16个塔尖直刺苍穹，淡蓝与乳白的色彩涂抹出一个童话，演绎出"白雪公主和7个小矮人"的动画故事片，这亦可称作人类电影史上最成功的作品之一。1937年12月21日，该片举行首映式，好莱坞名人几乎倾巢出动，观看这部由800万张画面组成的长达83分钟的迪斯尼新作。据说，首轮上映创造的票房价值即为800万美元!要知道，当时美国电影票价仅为23美分，儿童减半。迪斯尼因而在一个半月内还清全部贷款。次年，该片荣获奥斯卡大奖，为后来迪斯尼世界主要景点之一的白雪公主城堡奠定了"观赏基础"和"价值走向"。

在迪斯尼世界，人们仿佛都能"返老还童"，这应该说是一个奇迹。而徜徉到每一条长街的尽端，则必然是迪斯尼所称的"Wienie"(令人惊喜的景点)，譬如未来世界、米老鼠世界、幻想世界、拓荒者世界、冒险家世界等。当成千上万的父母带着孩子来到这里，他们得到的大概不仅仅是童年的快乐和重返童年的愉悦，获取的还有思考的果实和知识的宝藏。迪斯尼世界就是这

人们在迪斯尼展示的都是笑脸

样，它并非一味地游玩和娱乐，而是寓教于乐，用知识开路，让理想腾飞，在幻想的王国再造现实的世界。

不过，也有人说：在迪斯尼，无论童话还是科幻，似乎都不过是灿烂的外衣，里面包裹着的是一个"生意"的内核。在美国，服务密集型的企业最成功的只有两家：一家是麦当劳，一家是迪斯尼乐园。迪斯尼用通风管道运送垃圾，它的街道似乎永远一尘不染；迪斯尼的职员笑脸永存，就是卖门票的职员也必须经过严格训练才能上岗；迪斯尼的管理特色可称为"交叉使用"，就是副总裁这类高级白领也得定期下去与普通雇员一道开交通车、卖冰淇淋、守纪念品专柜。它的工作程序设置合理，周详严密，每一名化装的"角色"（如米老鼠、唐老鸭）旁一定会有一名带步话机的"便装"悄悄陪同，以保证"角色"到位。在乐园所有建筑及设施的关键之处，肯定装有摄像机，并派专人控制，一旦出现意外，便会立即关闭系统，确保游人安全。由于这种高水平、高质量的服务，据称迄今为

永远开心的米老鼠

止，在所有与顾客的纠纷中，迪斯尼乐园从未当过输家。由此不难看出，迪斯尼乐园立于不败之地，不单纯靠的是几只米老鼠，它的生意经甚至比"乌托邦经"念的更好，更妙。

从魔幻王国乘子弹头单轨列车去"EPCOT"(英文"试验型明日社会"的字头缩写)，应该说又是一个大的飞跃，这便是从孩子的想象迈入成年的梦幻，从童话的世界步入科学的领地，从米老鼠的王国进入迪斯尼的乌托邦。迪斯尼的生命虽然在1966年12月15日画上了休止符号，但他开拓的事业没有死期，且生机盎然，在世界许多著名大都市，新的迪斯尼乐园如雨后春笋，不断拔地而起。进入21世纪之际，中国香港也获准打造东方的迪斯尼乐园。它开张接待游人后的盛况是可以想见的。这正如迪斯尼本人所说："世界上只要还有想像力，迪斯尼的传奇就不会结束。"

午夜12点，鼓乐齐鸣，烟花怒放，五彩缤纷的夜空和灯火阑珊的地面交相辉映。迪斯尼乐园一天的活动进入了高潮，游逛了一天的大人和儿童毫无倦意，欢呼着，跳跃着，歌唱着，与"蹿"出"窝"的米老鼠一道行走，共享这无比快乐的美好时光……

指头转动地球

大人们也来
"排排坐，吃果果"

16

落基山里的印第安人

前辈印第安
人留下的遗迹

印第安人开
办的饭店里宾朋
满座

　　我是在去位于犹他州西南部的布莱斯峡谷的路途中邂逅印第安
人的。

　　追根寻源，美洲最早的居民应是印第安人。据说，到15世纪
末，北美洲的印第安人约有百万，他们分布广泛，具有众多不同语
言、不同文化、不同习俗的部族与部落。

到达卡纳布小镇，已是月上中天的时候，陪同我的拉维尔先生，对这里很熟，居住在此镇的不少印第安人都是他的朋友。

拉维尔带我进了一家印第安风格的烧烤店，店中央是一个大烤炉，里面烧的都是滴着松油香的硬杂木，挂钩上吊着各类野兽肉，在火光的映衬下散发出一股沁人的气息。再环视四周墙壁，悬挂着各类飞禽走兽的标本，犹如进入一个动物博物馆。拉维尔把我介绍给了店老板，这是我有生以来最近距离观察一位活脱脱的印第安人。

店老板非常友好，打着各种手势。拉维尔知道我看不懂这些手势语，就在一旁主动当起了翻译。几个手势下来，我明白了店老板的意思，他真心欢迎我来这里做客，品尝印第安人的独特烧烤，并希望我留一张名片给他。我再看北侧的一面墙上，钉满了来自世界各国访客的名片，最早的恐怕要追溯到半个多世纪以前。

饭店老板收藏的各国游客的名片

接下来，边吃边谈，店老板很是自豪地说，印第安人每个族别，每个部落都有自己独立的语言，各种印第安语多达160种。正因为如此，勤劳智慧的印第安人在语言的基础上又发明了丰富多彩的手势语。印第安人在早期的狩猎、渔牧等劳动过程中，不同部落之间需要沟通交往，语言不通是一大障碍，于是便用打手势来交流思想。久而久之，约定俗成，各种手势表达的意思便逐渐固定下来，形成今天这种奇特而完善的手势语，其基本动作达到几百个，主要特点是一势多义、简洁迅速、动作幅度小、生动而又形象。

美国西部奇特的地形地貌

这时，拉维尔在一旁解释说，英语需1000多个字表达的小故事，印第安人用169个动作便可讲完，或许比英语讲得还快。如表示"吃了一顿饱饭"，印第安人是伸出右手大拇指和食指按在肚子上，由下向上移至嘴前，使人一望而知他已吃得饱饱的。再譬如表示"朋友"，就伸出两手的食指、由下向上运动，仿佛两个是自小挨肩长大的兄弟，情同手足，亲密无间。拉维尔接着讲道：印第安人可以靠几百个基本动作表达任何意图，往往一种手势可以表达几种相近的意思。如印第安人用手指心，就是表示"心"、"我"，如果动作稍加变化，再辅以表情，表示出的就是"知道"、"明白"、"好，不错"、"想，记记"、"烦

躁"等等。

大嚼大咽着味道鲜美的烧烤，环视店内，我发现大部分食客都是印第安人，这个小镇属于印第安人，实在是名副其实。

在奔腾跳跃的印第安音乐声中，店老板告诉我：你可别小瞧了这里形形色色的人们，他们当中不光有牛仔、马夫、农场主，还有画家、诗人、作曲家哩!

旋即，我就结识了一位专画猫头鹰的印第安人画家。他叫巴特沃德，以画画为生，拥有一个自己的画廊，画出的画全部在此通过卖给旅游者变为商品，"回笼"成货币。说起当"画商"来巴特沃德一套一套的，看来他对市场经济这本经念的还不错。拉维尔在一旁介绍说，巴特沃德主要画的就是印第安人的图腾物。

印第安人是万物有灵的图腾信仰，这在地球上是十分独特的。据说，"图腾"一词来自于阿尔工金部落的语言"奥图特曼"，原意为"他的亲族"。后来，一位英国人首次将"奥图特曼"一词译为"图腾"，此后便约定俗成叫了下来。由于印第安人主要以狩猎、捕鱼、耕种、采集为谋生之道，所以其图腾崇拜皆是以动物和植物为主。譬如易洛魁人崇拜玉米、菜豆、南瓜，这些农作物化身的神，被全体族人顶礼膜拜。太阳、风、

山中狩猎者

雨、冰雹也都被列为神，其中以天神地位最高，号称"诸天之主"。当然，图腾崇拜的对象还是以动物占绝大多数，易洛魁人的氏族就多以动物命名，其中塞奈卡部落共有8个氏族，它们都以动物做图腾为氏族命名，这些动物分别是：熊、狼、龟、鹬、狸、鹭、鹰、鹿。以信奉动物为图腾的氏族，一般来讲，都对这种动物禁食、禁杀、禁伤害、禁诅咒和触摸，如果本氏族成员伤害了图腾，就要遭到严厉惩罚，有的甚至被处死。另一方面，印第安人各部落每年都要举行图腾崇拜的各种宗教仪式，内容不外乎是祈祷、念颂词、唱赞歌、跳模仿图腾动作的舞蹈等，目的很明确，那就是祈求氏族兴旺，免祸消灾。在图腾崇拜盛行的地方，许多印第安人做出图腾代表物，奉为崇拜的偶像，而更多印第安部落都雕刻有图腾柱，精雕细琢，巧夺天工，不少图腾柱高达三四十米，上面刻画有图腾形象和家族史的重要事件，巍然矗立在部落的入口处。我在美国西部一路走来，就见识过不少这样的图腾柱。

生命的敬畏

我随拉维尔走在漆黑的夜晚，黑魆魆的山峦默默耸立，只有北

风掠过树梢"哗哗"作响。蓦地，山头上点起堆堆篝火，一个个装扮得奇形怪状的人在火光中蹦跳摇曳，挥舞着手中细长的木剑和刀、棒，做出各种造型与姿态，它打破了夜幕的沉寂、吹响了生命的序曲。原来，印第安人的"山神舞"表演开始了。山神在印第安人的心目中是无比神圣的，印第安人认为山神有驱走疾病和妖魔，给自己和家人带来幸福与安宁的魅力。为了表达对山神的敬意与爱戴，"山神舞"便应运而生，流传开来。

我看到，每个舞蹈者都打扮成想象中的山神模样，脸的上半部蒙有黑色的鹿皮面罩，只露出一双乌亮的眼睛。鼻子以下，罩着红色三角巾，随风飘逸增添了一种神秘色彩。头顶上，则插着高高的

头饰，上面画着十字或星星，并插有丝兰花角，象征受山神护佑的动物。此外，舞蹈者的手臂上还系有长长的飘带，下端拴满了亮丽的鹰翎。舞蹈开始后，每堆篝火旁站立5个人，手舞足蹈跳上一阵，便矛盾交叉，互相挑战。稍顷，"山神"们便又混合在一起，不分彼此，亲亲热热地共同起舞。这时，我看到干戈翻飞，人影踊动，篝火伴随纵情狂欢的人群熊熊燃烧，将"山神"的轮廓勾画得清清楚楚，形象逼真。拉维尔告诉我，"山神舞"最早起源于阿帕奇人，后被政府禁跳，只有在人迹罕至的深山老林才能窥见

部落里的俊男

此奇景异象，"你真是眼福不浅呀"！

在美洲这片广袤的大陆上，勤劳勇敢的印第安人世世代代繁衍生息，到处留下了难以泯灭的痕迹。否则，很难想象，今天美国的50个州中，竟有23个州的名称与印第安人的语言直接相关。譬如："密西西比"是印第安语"大河"的意思；"密执安"是"大湖"的意思；"达科他"意即"友好的人们"；"肯塔基"意即"牧草地"；"密苏里"表示为"划独木舟的人们"；"亚拉巴拉"则是说"这里是我们栖身的地方"。美国杨百翰大学的一位教授就曾经对我谈起，当我们的世界已进入 E-mail 时代，我们是不是就应该对印第安人的奇风异俗诸如神秘的幻觉祈祷说三道四？答案是否定的。可以想见，在漫长的岁月中，面对大千世界的变幻莫测和自然现象的千奇百怪，生活在原始部落的印第安人不可能得出科学结论。当他们在山野荒林、残酷险恶的环境中经历种种考验生存下来时，便情不自禁地把这一切归功于神的力量，感谢神教给了他们生活的技巧与艺术，并虔诚地祈求神赋予他们超自然的能力。印第安人的这种"原始"与美国社会的"先进"并不矛盾。

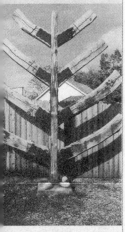

印第安部落里的图腾造型

次日，拉维尔带我驱车来到落基山里的又一个印第安人部落，并安排我观赏了一种独特的传统祈祷仪式。这些印第安人首先点燃一堆堆松枝，待松枝冒出缕缕轻烟后，便一个接一个地从烟雾中走过。据称，这是在"净化心灵和身体"。之后，他们便来到山坡前，进行长时间的祷告。当夕阳西下，金色的光辉尽染大地，印第安人的表情更加庄严肃穆，他们凛然仁立，脚下堆放着野牛的头颅，每人的双手举起一根长约2尺的烟管直指天空，意在让烟管充当沟通心灵与天空的"桥梁"角色。与此同时，他们默默地向天空、大地以及万物的主宰者祈祷，期盼眼前出现种种神秘的幻觉。拉维尔在一旁告诉我，幻觉的出现对印第安人有着特殊的意义：太阳是天空的主宰，其助手是鹰，如果哪位出现太阳或鹰的幻觉，就预示他将成为印第安部落中与巫师一样显赫重要的人物；月亮的助手是猫头鹰，它常以男人或女人的形象出现，意味着健康长寿。再譬如，天空的助手是雷电，星星的助手是野牛，大地是树木和动物的主宰，其助手是老鼠和蛇，等等。总之，印第安人认为所有的主宰及其助手都是自己的恩人，它们能够自己带来创造生命的信念和力量……对此，我多少感到了一些疑惑，而拉维尔似乎看透了我的心思，笑笑说：适当的疑惑，应当被称为"智者的火炬"！

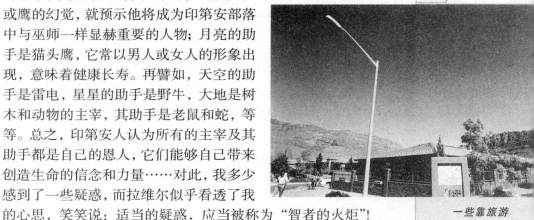

一些靠旅游致富的印第安人，拥有了自己的舒适住宅

在印第安部落中，没有警察，没有监狱，也没有法庭，更没有官压民服。几乎每个人都以约定俗成的禁忌和同伴评价作为行动准绳。他们所得到的最好的回答是部落给予的称赞，所受到的最大处罚乃是族人的讥笑或被驱逐出部落。如今，新一代的印第安人已经成长起来，他们向往未来，却没有忘记历史，他们心里明白：欧洲殖民主义者闯入美洲大陆后，印第安人不断遭到驱逐和杀戮，被迫背井离乡，沿着用眼泪铺就的辛酸之路迁徙到西北部地区的穷乡僻壤，古老的田园般的生活遭到蹂躏和涂炭。今天，大多数印第安人居住在了"保留地"，而在某种程度上，他们仍然遭受着种族歧视的困扰，种族歧视的黑幕未落，阴魂不散!从总体上说，印第安人过的不太好。纽约大都会博物馆的美国历史部分，专门为印第安人开辟了一个分馆，以展示北美印第安人的悠久历史和文化。但在现实生活中，印第安人一直处在被遗忘的角落，是美国最贫困的少数民族之一。长期以来，印第安人的收入、居住条件都低于美国平均水平，只有近2/3的印第安人具有中学文凭，近3成的人无家可归，半数以上的人居住条件低于法定标准。在掠夺完其世代生存的土地

别处绝版的小木屋

之后，美国政府曾于19世纪末计划专为印第安人成立一个州，即今天的俄克拉荷马州。但在该州发现石油后，联邦政府随即搁置了这一计划。今天全美大约有230万印第安人，其中一半以上居住在275个保留地。曾经是北美大陆主人的印第安人如今拥有的土地仅占美国领土面积的2%。生活在保留地内的印第安人就业机会很少，以狩猎和务农为主，农闲时则无事可做。离开保留地走入城市的印第安人情况也好不到哪去，由于学历较低，文化背景相差大，他们中的大多数只能在工厂里干体力活，挣点养家糊口的钱。近些年来，接待游人到保留地观光成了一些较大的印第安人保留地的主要收入。尽管如此，印第安人有着强烈的民族自尊心，他们把忠于自己的民族看作比珍惜自己的生命还重要，在各方面努力保持着印第安本民族的传统习俗和道德情操。这个民族青春不老，这个民族永远都在把奇迹创造。

临分手时，拉维尔对我说：你到过了落基山，你还能忘怀印第安部落和印第安人吗？

落基山里的牛仔

大雪覆盖下的落基山，那么安祥，那么神秘

17

查尔斯河畔的头号学府

碧波荡漾的
查尔斯河

"约翰·
哈佛，创立者，
1638"，青铜雕
像端坐在星条
旗下，引得无
数游人崇敬瞻
仰

查尔斯河水从城中潺潺流过。

举世驰名的美国第一号学府——哈佛大学(Harvard University)，
就静静地坐落在这里，从1636年创立直到今天，历经风风雨雨，已
有365年的历史。

当我走进哈佛校园，我的第一感觉就是这里宛如世外桃源，那
样静谧，那样安宁，那样祥和，不见车水马龙，但听书声琅琅，真
正是一个做学问的好地方。

就是在这样一片并非广袤的土地上，哈佛共培养出6名美国总
统、37名诺贝尔奖得主和30名普利策奖获得者，至于其他的国家

美国大学授课即景：知识改变命远

图书馆是大学生最爱光顾的地方

大学生之间在互相提问与答辩

和地区性奖项、专业奖项获得者，那就多得不计其数了。所以，哈佛具有在学术领域和人才培养方面久居领先地位的传统。

在访问中我了解到，哈佛目前共有13个学院，其中11个是研究生院和专业学院，分布在波士顿的查尔斯河两岸，它们分别是人文科学院、商学院、设计(含建筑)学院、神学院、教育学院、政府学院、法学院、医学院、牙医学院、公卫学院和延伸学院，共有攻读各种学位的学生1.8万多名，学生来自美国所有的州和海外领地以及全球120多个国家和地区。无论从名气、设备、教授阵容、学生素质等方面，哈佛都堪称世界一流大学。哈佛有高达15亿美元的资产，每年都获得几千万美元的赞助，拥有全世界规模最大的图书馆（藏书超过1300万册），第一流的教授、学者和万里挑一的被录取者。哈佛的生物、化学、地质学、数学、物理、经济学、英文、历史、社会学、政治科学、心理学专业在全美排名都是前5名，特别是经济、政府及社会研究更为突出。

哈佛的学费是昂贵的，在1807年的时候，仅为20美元，到了1998年，就飞涨到了25 000美元，再加上生活费、书本费以及其他各类杂费，每个哈佛的学生每年估计要花费10万美元左右。显然，这不是一般家庭所能承受得了的，哈佛不愧是名副其实的私立贵族大学。

哈佛培养人才的方法很多，以世界一流的学术研究带动教学和人才培养是它的一大特点。哈佛实行非中央集权的管理体制，各学院、各中心和系科拥有很大的自主权，可以在全世界范围内根据自己的需要招聘教师和研究人员，根据自己的具体情况制订人才培养计划。如今，哈佛最有名气的还是它的商学院，被誉为"MBA教育的鼻祖"。历史上，美国也有士农工商的等级观念，所以当初哈佛要计划设立商学院时，赞成者与反对者争论相当激烈。之后哈佛想了一条妙计解决了这一难题：即1908年成立的哈佛商学院只是一个研究生院，而不设大学本科，招生标准之一是学生必须具备学士学位，象牙塔里还真念起了生意经，发展至今它成了美国"最大、最富、最有名望"的"三最"学院。哈佛商学院除以高额学费著称、收入可观外，最主要的是它还具有高超的筹资技巧，它与世界驰名大公司、大银行等成功联姻攀亲使商学院的基金高达2.5亿美元，比美国所有其他管理学院的总和还多，每年年度预算更是高达1亿美元之巨。听说美国《幸福》杂志有过调查，在美国500家最大公司的高层管理人员中，大约20%皆为哈佛商学院毕业生，他们手中那烫金的MBA证书，实际上已成为进入高级管理阶层的通行证。有人说，哈佛的学生个个都是竞争意识极强的"野心家"、"阴谋家"，他们自信、自赏、自傲、自负、自以为是，甚至自诩自己就是世界上最有才能的优秀管理人才，而煽动他们这种心理的，则是那些给他们提供年薪几十万美元的大企业、大银行和管理咨询公司。波士顿的不少人都明白，在秀丽的查尔斯河上划着印有美元符号的双桨风光潇洒的是哈佛商学院的MBA；在毕业典礼上人手一张美钞，振臂狂呼的也是哈佛商学院的 MBA，这就是他们的个性，这就是他们的风格。

与哈佛雕像
亲密接触

　　哈佛也有"智者千虑，必有一失"的时候：许多年前，有对老夫妻来拜访哈佛校长，秘书一看女的穿一套褪色的条纹棉布衣服，男的着布制便宜西装，就断定这两个乡下"老土"不可能与哈佛有业务来往，就很不礼貌地回答："校长很忙，不好安排。"老夫妻回答："没关系，我们可以等。"几个小时后，虽然秘书不理会他们，他们还是虔诚地等在那里，秘书不得不通知校长。老夫妻终于见到校长："我们有一个儿子曾经在哈佛读过书，他非常热爱哈佛，但他因意外而去世，我们想在校园里为他立一座纪念物。"校长回答："如果这样做，校园有一天不是像墓地一样了吗？""不，不是，我们不是要竖雕像，我们要捐一栋大楼给哈佛。"校长又仔细看了一番老夫妻："你们知道不知道建一栋大楼要花多少钱？哈佛的建筑物超过750万美元。"老夫妻沉默了，校长以为总算把他们打发了。这时，妻子对丈夫说："750万？那我们为什么不捐钱建一座大学来表达心愿呢？……"就这样，斯坦福先生和夫人离开哈佛，前往欢迎和接纳他们的加利福尼亚州，捐巨资建立起如今大名鼎鼎的斯坦福大学。后人评论说，这是哈佛历史上最大的"一次失误和一个败笔"。

　　在美国文化科技经济的发展历程中，哈佛的作用与历史地位举世公认。历史与现代的多少精英，无不出生于剑桥城的哈佛。徜徉在闻名于世的哈佛校园和哈佛广场，我感受到强烈的学术气息以及求知欲望，切身体会到自由奔放、民主平等的哈佛校风。

在哈佛访问时还听说，哈佛商学院与清华大学经济管理学院"珠联璧合"，推出为期6天的顶尖管理培训项目"网络时代管理"，尽管收费为20万元人民币，但65个招生名额仍然引来中国200多个企业的报名角逐。最终，不得不增加名额，入选的学员中不乏TCL董事长、联想集团总裁、建设银行、招商银行、中国电信及移动通信、中国远洋总裁等重量级人物。尽管有人对这种"天价学习"表示疑问，但学员们用一句话做出了结论："学有所得，物有所值。"到底此举的效益如何，实践会做出检验。实际上，在美国很多大型企业及公司的个人简历上，参加过哈佛商业培训已被显著地写在第一位，然后才是博士学历、MBA学历等。哈佛商学院的培训早就成为一种极有影响力的认证，甚至在一定程度上成为一种荣誉的象征。

哈佛名声贯耳，却没有给人高高在上的感觉。来自任何国家的人，来到波士顿，来到剑桥城，都可以实现目睹哈佛风采的夙愿，宛若一阵阵自由和谐的风，在校园里随心所欲，轻轻地掠过，哈佛人说，这其实是一种不用支付任何费用就可以带来巨大效益的"广告行为"。

当我告别哈佛，哈佛一位同学馈赠我一本纪念册，扉页上是他亲笔所题卡莱尔的箴言："世界荣誉的桂冠，都是用荆棘编织而成。"

哈佛校园搭起了抗议住宿费上涨的"小帐篷"

酷爱音乐的大学生比比皆是

18

漫步斯坦福

花儿为什么
这样红

桂冠是用勤
奋和汗水浇灌而
成的

在美国常听朋友讲，人们在某个地方生活久了就会对它失去新鲜感，但是在加州斯坦福大学生活过的人，却很少有愿意离开这里的，可谓是"曾经沧海难为水，除却巫山不是云"。贵族大学，田园生活，这应该是斯坦福最显著的特征。美国加州有个评断当地4所大学的说法，是这样讲的：如果你很会读书，家庭又富裕，就上斯坦福大学；如果你会读书，家庭并不富有，就上柏克莱大学；如果你家庭富有，功课却不是顶尖，就上南加州大学；如果你成绩不太理想，家里又不是很有钱，就上加州州立大学吧。此论也许有以偏概全之嫌，但斯坦福在人们心中是个什么样的地位，却可略见一斑。因而它又被誉为"西岸的哈佛大学"。而斯坦福的校训，则是被多少人永久铭记了的：让自由之风吹拂。

我是在春暖花开的季节来到斯坦福的。

斯坦福的校址就选在加州柏拉阿图市郊斯坦福夫妇的农场，校园由最优秀的建筑师设计，布局大气磅礴而又整洁洗练，金黄色的拱壁配以红色瓦顶，在连绵起伏的山峦的衬托下显得金碧辉煌，经过多次扩建和修缮，斯坦福如今是全美公认的"校园面积之最"和"校园风光之最"，并成为世界著名的游览观光地。斯坦福大学是斯坦福夫妇为纪念惟一的儿子小利岗·斯坦福而创建的。在他们夫妇精心的创办下，斯坦福大学从美国林立的大学中崛起，让人刮目相看。可以说，没有老斯坦福夫妇的贡献，就没有今天的斯坦福大学，也就没有在这里求学功成名就的十几位诺贝尔奖获得者，更没有今天的硅谷。

宫殿般的建筑，田园式的风光，再加上四季如春的气候和整个社区蓬勃发展的经

本书作者感受美国大学教学

济与丰富绚烂的文化，使斯坦福大学强烈吸引着世界各地的莘莘学子。当初，在风急云重的商业经历中，老斯坦福所遇到的许多大学毕业生给他留下这么一种印象：虽然他们从美国东部一些著名大学拿到了学位，但是仅凭学校受到的教育根本无法胜任实际工作。因而老斯坦福从一开始就把斯坦福大学的教学宗旨拟定为"赋予学生以直接有助于社会实际应用和个人事业成功的教育"。斯坦福在初创时所立下的"实用性"和

远眺斯坦福大学校园，金壁红瓦，楼群错落，蔚为壮观

"外向性"宗旨，它对"成功"与"完美"的追求，注定了它必将发展成为举世闻名的顶尖大学之一。1959年，斯坦福工学院院长的一个大胆构想，成为斯坦福具有历史意义的转折点。由于校园地域广大，利用有限，他建议以低廉、象征性的地租长期租给工商业界或毕业校友设立公司，尔后学校与公司合作研究、开发项目，并为

考试后的欢笑

钟楼昭示学子珍惜光阴

学生提供实习基地。这个构想使斯坦福成为全美第一个在校园里建立"工业园区"的大学，也为他们带来颇多"意外"收获。刚开始，由于地租便宜，吸引了不少公司问津。随着资讯业兴起，加之地理与气候甚佳，斯坦福被许多投资者视为"金矿"，从此一发而不可收拾，最后跨出校门，延伸到了圣荷西，最后演变为举世皆知的"硅谷"。每年，从斯坦福毕业的许多拔尖人才，"近水楼台先得月"，就地创业"闹革命"，在硅谷不断播下高科技种子，他们和硅谷共同成长，成为今日遍布全球的高科技产业的栋梁。

我在斯坦福第一次看到了铜制的"地板"，开始大惑不解。一问才得知，这上面刻着阿拉伯数字"96"、"97"、"98"等等，代表着毕业年代，是每一届毕业生给母校留下的纪念品。由于校园广阔，即使开学期间，也像放假，很少能见到学生。只有教室外的露天广场，才是能见到较多学生的地方之一。与斯坦福的同学交谈，最能感受到这所大学的一些特点。譬如，每年的学费大约是2.4万美元，是全美大学中学费最贵的学校之一；平均每年注册的本科生和研究生人数分别为6600人和7500人左右，研究生的比例与一般大学相比明显偏高，这充分表明其优势所在。斯坦福的同学告诉我这样几条，第一，该校是重金聘请有才能的人坐各系的第一把交椅，即使是受请的某一领域的头号选手请不来，也绝不降低标准去请第二号选手。第二，该校的老师要有三能：教书、搞研究、拉生意，否则就别在这里混饭吃，因为是私立大学，不时时处处想着自己找"米"吃，就一定会被饿死。第三，该校最受企业界的钟爱，斯坦福为硅谷和美国企业界提供丰富的脑力资源，为技术创新提供强有力的支持。在企业界与科研机构之间的密切合作方面，斯坦福是当之无愧的典范。以1994年的一项记录为例，当时硅谷高科技企业的100强，总价值达1000多亿美元，其中的60%是由斯坦

斯坦福的校门别具风格，门前广场令人心旷神怡

福校友参与创建的。第四，大家都是第一名，该校精英荟萃，高手云集，学校采取的是"质重于量"的政策，对学生成绩和各方面要求极为严格，老师几乎是"一对一"盯人，使每个同学都无法偷懒，许多同学都说，在校五六年，没有一天睡眠超过6小时。斯坦福成了名副其实的"精英的摇篮"。

在斯坦福校园的教学楼里，我看到最多的物品恐怕就是电脑了。斯坦福是私立大学，政府不给一分钱，但由于和硅谷"联姻"，大笔的美元总在不断涌入。斯坦福的电脑更是用不完，只要硅谷里有新产品问世，肯定先送斯坦福"试用"，而且出手大方，分文不要。该校学生说，往往旧的还未到淘汰期，新型号电脑就又送来了，十几万的电脑拿来垫脚用，让经费困窘的柏克莱大学学生"馋"得牙痒痒，口水直流。尽管如此，并不是说斯坦福的学生肩不能扛，手不能拎，都是公子小姐了。他们的吃苦精神不仅表现在学习上，而且也融化在生活中。除学习之外，利用课余时间及节假日"打短工"，参加学校的一些劳动服务性工作，成为一种相当普遍的风气，这样既锻炼了自己，又可用辛勤工作得来的报酬补贴学费及生活费用，可谓两全其美，相得益彰，自己高兴，家长满意。一位同学说：我在斯坦福，最重

钢铁雕塑成为美国机器时代最典型的艺术产物

要的有两件事，一是受教育，二是培养独立性。这不仅指要培养独立的生活能力，还包括要锻炼一种独立的思维方式，坚强的意志个性，自强不息的奋斗精神。

沿着宽阔、笔直的棕榈树大道走去，映入眼帘的一个由红砖砌成的圆弧形屋顶建筑，那便是斯坦福的标志性建筑——"胡佛塔"了。这里又是目前美国研究近代政治、社会、经济发展的重镇之一"胡佛研究所"所在地。

胡佛是斯坦福大学最早的学生之一，他在此接受的教育和训练使他毕业之后不久就在所从事的矿业工程领域中大显身手，很快升到最高级别。后来，他积极参与政治活动，直到当选为美国第31任总统。最不幸的是天时、地利不作美，他当政时正赶上经济大萧条，严重影响到他在总统任期内的杰出表现，政绩平平，让后人铭记住的，除了胡佛水库，就是这个胡佛研究所了。据称，胡佛创立这个研究所的初衷，是研究人类世界为何有那么多战争和如何追求和平。创建伊始，研究所就运用胡佛赠款和斯坦福大学提供的经费，收集了许多有关战争的各种史料，胡佛并号召热心人士收集相关资

料送至研究所珍藏。随着资料越积越多，吸引了很多人来此阅读、参考和进行研究，出了不少成果。如今，研究所已有北美、西欧、非洲、中东、东亚等多个研究部门，只要是世界政治、社会经济和有助于了解战争真相、追求和平过程的史料，都成为胡佛研究所收集和研究的对象。

陪同我访问胡佛研究所的朋友带我进入了东亚部，说这里是研究中国的重镇，该部收藏的几十万册书籍中，有 65% 以上是有关中国的书籍，有关中国的杂志、海报、幻灯片、录音带、录像带的数量也极为可观。研究人员还特别介绍，当年，斯坦福校长 Mary Wrigh 和她先生，在中国收集了很多资料，光是从延安，就收集到

校园春色

大量史料。今天，中国的出版物仍是东亚部收集的重点。由于要收集的资料太多，为了把钱用在"刀刃"上，东亚部也在谋求与其他研究中心的联手合作。目前东亚部图书馆就与柏克莱大学东亚部达成默契，把中国"一分为二"，长江以北省份的报纸、年鉴、文史等资料由胡佛研究所收集，长江以南的省份则由柏克莱大学典藏，这样一是避免重复，二是把两家的钱聚集起来可做更深入的收藏。当问到他们为什么这样下本钱时，研究人员回答："中国已经崛起，而中国在 21 世纪的崛起，将更使整个世界为之瞩目。"

看到草坪上落满了雪白的鸽子，我想到斯坦福人说胡佛研究所"是推销和平的"这句话。优越的条件，众多的史料，高扬的名声，吸引了全球许多知名学者来此作研究。他们紧密跟踪这个动荡世界的风云变幻，发表大量论述局势的文章。当国际上有任何大事发生，媒体会争相来此专访，只差踩破门槛。还有更多的名流政客，志愿来此当荣誉研究员，美国前总统里根便是其中的一位。有位教授评论说：胡佛研究所是美国共和党的智囊团，因为它比较"右"，也有人认为它有点儿"左"。斯坦福不少师生常常起来抗议，认为胡佛研究所的言论不能代表斯坦福的立场。不管怎么说，胡佛研究所以追求人类和平，消弭战争为研究宗旨，却是谁也无法反对的。而它占有的大量资料和丰硕的研究成果，更不管"左派"、"右派"的学者，都是非常重视和充满兴趣的。

斯坦福人说：斯坦福永远是年轻的。

漫步斯坦福，确实是件很愉快的事儿。

19

教会大学"杨百翰"

本书作者接受杨百翰大学电视台采访

雪山环抱之中的杨百翰大学

　　杨百翰大学是美国最大的教会大学，全称"Brigham Young University"，简称BYU。如果用简单的数字来形容杨百翰大学的规模的话，那就是：30 000名学生，3000名教师，300幢楼。而且整个普洛沃这个城市，就是为杨百翰大学而"存在"的。

　　杨百翰大学坐落在美国犹他州盐湖城之南45英里处的普洛沃市，周围被绵延的雪山和碧波荡漾的犹他湖环抱，海拔在4560英尺以上，整个山谷空气清新、风景优美，总人口大约34万，其中大部分与杨百翰大学有"关系"。

　　拂开历史的烟尘，杨百翰大学是由摩门教会于1875年10月16日创办的，当时占地仅1英亩左右，即是今天普洛沃市中心所在地。

其时，摩门教会主席杨百翰亲自掌控大学的全盘运作，他对管理教学的负责人说："弟兄，我要你记住，没有圣灵的指引，即便是字母或是加减乘除你都不应该去教"。此后，杨百翰大学就一直遵循这条原始的教学原则。早期，大学在财经和物质方面都遇到了极大的困难，多亏教友中热心人士的慷慨解囊，终能转危为安。1891年，大学开始大规模的基本建设，随之，大学的各类课程进一步完善，注册学生人数不断上升，至1903年，被官方正式命名为杨百翰大学。一百多年来，杨百翰大学从小到大，持续发展，对宗教的使命更为坚定，追求学术上的完美和统一，成为世界范围内颇有影响的教会大学之一，可谓成就卓著，桃李无数。

杨百翰大学校长 Merrill J. bateman

杨百翰大学久负盛名，从历史上讲一直是摩门教会教育系统的一部分，它为遍布世界各地的高等院校、神学院研究中心、小学和中学教育计划提供服务，为上百万的学生提供帮助。杨百翰大学的整个教育系统还包括设在各地的校园，其中最主要的有普洛沃校园、犹他州校园、夏威夷州校园、爱达荷州校园以及在新西兰、墨西哥、斐济、汤加和西萨摩亚的校园。

杨百翰大学一直是将大学教育与摩门教会的影响和原则紧密联系在一起

杨百翰大学的一个学术性晚餐会

的，这种宗教气氛伴随着它的承诺维持了宗教的理想和原则。作为个人的承诺，杨百翰大学的师生员工在校内校外的日常生活中都能遵守诫命，以耶稣基督的福音为原则以求灵性的圣洁。准则包括做人诚实，遵守法律和学校校规，生活朴素，行为道德，不用不洁语言，尊重他人以及遵守教会的智慧语（包括禁酒、禁烟、禁茶、禁咖啡和禁浪费），参加教会服务和帮助他人，这些都是杨百翰大学的名誉准则。一些特殊的名誉准则还包括在学术上的诚实和勤奋等。

杨百翰大学不愧是名副其实的教会大学。在该校，96%的教师和99%的学生都是摩门教会成员。本来宗教教义乃仁者见仁智者见智信不信由你，但摩门教至少有三个特点不得不让人服膺：第一是对教育的重视，全美入学人口、中学毕业生、个人所得中教育开支等所占比例，犹他州均独占鳌头；第二是生活严肃，酒精类或含咖啡因饮料，均在禁用之列，青年男女在义务宣教期间不得谈情说爱；第三是对家庭的重视，如果说今日美国为混乱的性关系而发愁，为众多的家庭解体而困惑，就不得不对摩门教刮目相看：因为出生率达2.8%的犹他州拥有全美最年轻的"人口部落"。教会高层高度重视教育，为杨百翰大学提供了大量的资金援助，譬如说，是教会成员的学生，每学

本书作者采访BYU时与师生留影

杨百翰大学有不少中国留学生，他们刻苦学习，奋发努力，颇得好评

期本科学费为1470美元，研究生学费为1730美元，法律和经济专业的研究生学费为2770美元，比美国一般大学的学费要低30%左右。此外，杨百翰大学还设置有大量的奖学金，并能为在校的1.5万名学生提供勤工俭学的工作岗位。

特别值得一提的是，杨百翰大学学生的文体才能在频繁的表演和比赛中得到充分展露，其中最为著名的有杨百翰大学舞蹈团和排球代表队。其中舞蹈团的精湛技艺尤其受到中国观众的赞叹，早在1978年中美两国建交不久，杨百翰大学舞蹈团就作为美国派出的第一个民间友好团体首访中国，为增进中美两国人民的友谊做出了贡献。近年来，该校的各类表演团体在国内外有不少巡访演出，并获得国际上的各种奖励，先后到过160个不同的城市，举办过179场精彩表演，并为电视传媒提供过186次特殊的宗教演出，给人们留下了深刻的印象。

杨百翰大学还是美国最大的中文教学基地之一，常年坚持专业学习中文的有数百人之巨，在校园内找一个会讲中文的学生，是一件非常容易的事。在杨百翰大学的推动和影响下，2001年7月，犹他州议会通过决议，把中文列为全州中、小学校的必修课，这表明中国影响的日益增大和美国主流社会对中文的需求和认同。

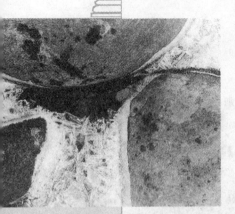

校园小景

在BYU任教的来自中国山东的女讲师

根据《美国国家新闻和世界报道》的评定排名，杨百翰大学法学院在全国首选的50所法律学院中排名第32位，商学院在全国首选的50所商学院中排名第49位，本科毕业生教育质量在全美228所大学中排名第78位。概括来讲，杨百翰大学的教学质量和在公众中的信誉度，还是很高的，尤其是摩门教会家庭的子女，都以能上杨百翰大学为一生中莫大的荣耀。

20

"放羊式"的自由教育

学习是件快乐的事情

美国一景：带着婴儿上大学

　　说美国的教育是"放羊式"的，那是因为它真的很自由。在中国放羊，总有牧羊人拿着鞭子左赶右抽，而美国的羊们，压根没尝过鞭子的滋味，一辈子都是"广阔天地大有作为"，想吃哪里的草就吃哪里的草，想在哪儿尿就在哪儿尿，信蹄而游，我行我素，自由到家了！

　　过去常听说美国是"放羊式"的自由教育，没亲历一下，我还真有点不信。这次在美访问，身临其境，现场目击，我就不能再有什么怀疑了。

　　当我端坐在一所大学观摩一堂挺严肃隆重的实验课时，开讲之后，还陆续有学生进来，给老师做个鬼脸。直到一个女大学生推着婴儿车、拎着奶瓶闯入，我才深感这"自由"也真是太自由了吧！

在加州的圣地亚哥，一位女教师在给小学生讲授人体课时，竟然脱光了衣服充当"模特"，将自己全身赤裸展示于课堂，然后给学生逐个讲解，并请学生走上台来亲自抚摸各个部位。课后，有部分学生家长提出意见，反对该女教师的做法，但更多家长则对此举持支持态度，说"形象直观，孩子易懂易记"。至于课堂上老师边吃糖果边讲课，还不时把糖果奖励给那些积极思考且回答问题的同学的现象，那更是随处可见，举不胜举。

美国崇尚自由教育，不仅全国没有统一教材，同一个城市没有统一教材，就是在同一个学校，同年级不同的班级使用的教材都不一样。美国小学的老师身兼数职，既当班主任也教数学、语文、美术等其他课程。老师有权选择使用什么样的课本，教育部门可以向学校推荐课本，但最终的决定权是老师本人。学生如果不喜欢自己的老师，尽管提出来，随时可以更换班级或学校，老师如果不称职没什么好说的，结局就是被学校"炒鱿鱼"。每个学校的学期，也不尽相同，不少学校是实行三学期制，学生们最长的假期是暑假，还有的学校是上一个月学，放一个月假，但也有学校是上三个月学，放三个月假。总之，美国的教育无论从内容到形式，都是五花八门，

野外考察地质地貌的中学生，脸庞上洋溢着欢乐与自信

社会处处是课堂，博物馆是学生们最好的去处之一

令人眼花缭乱，里外里一个"放羊"的感觉。

"放羊"归"放羊"，但美国教育注重启发和思考，而非死记硬背，满堂灌。老师的教育方法多种多样，因人而异，学生不需要端坐在教室里，而是如同一个农贸市场，大幼儿园。老师在台上讲课提问，学生可以在下面讨论争辩。老师追求的是寓教于乐，让学生们在兴趣中学习，接受知识。为此，美国的老师也真敢"招呼"，使出各种花招，在得克萨斯州，就有女教师半裸着上课，说是"为了能吸引学生们的注意力"。在大多数时间里，学生们根本没有什么作业，下学之后他们最大的作业就是玩耍。偶尔学校留作业也不会超过半小时，而且大多是一些观察、思考及动手的问题。

美国中小学最重要的就是两门课：语文和数学。语文好，就必须阅读能力强，因而美国中小学特别重视对学生进行阅读训练。阅读分精读和泛读，前者老师在讲解时着重于对文章内容的理解，要求学生对所读文章进行分析评论，加以概括复述；后者学生有很大自由，没有统一课本，通常由老师拟出一个书单，由学生选读，有时也指定若干本书为必读。美国小学二年级的语文课本，一课就有六七页之多，课文大都是讲小孩子的故事或是名人童年的故事。到了四年

在国会大厦里接受爱国主义教育的莘莘学子

级时，课文里什么中篇小说、著名演讲词、答辩词、诗歌等等，全部编进去了。美国有不少州都规定，小学生每年至少要读25本书。低年级可以读小人书，随着年级增高，读的书也随之加深，读完书后，还要动笔写读书报告。作为"自由教育"的一个组成部分，通过大量阅读，美国学生掌握的是一种综合能力。美国人普遍善于演讲，会写文章，公关能力较强，这都与大量的自由选择读书有关。在佛罗里达州的一个学校，老师给小学六年级学生出了《我观"第二次世界大战"》的作业题，并留下这样的思考题要求回答：为什么会发生日本偷袭珍珠港得逞的事件？纳粹德国为什么会战败？诺曼底登陆的得与失？你对美国向日本投放原子弹持何种态度？作业布置下来，学生闻风而动，纷纷寻找、借阅有关第二次世界大战的各种资料，阅读、摘录、做卡片、走访第二次世界大战的老兵，并邀父母、亲戚朋友与邻居一起参加讨论，最后以翔实、生动、准确的资料和自己的语言写成报告，有的洋洋数万言，并分出章节，附有图片，列出参考数目，俨然成了一本呕心沥血得来的学术著作，学生

们在此中的收获大不大?那自然是不言而喻的。

走访美国的学校,我感触最深的就是极少要求学生做死记硬背的作业,老师不热衷按照现成答案回答的考试把学生分成三六九等,而是致力于教会学生获得观察、实验和动手操作的能力,让每个学生都学会独立思考,善于发表独立见解,学会对陌生领域自己去搜集和筛选资料,自己寻求答案。这种作业形式无疑对开发学生的潜能大有裨益,对于在独立研究中发展学生的个性,提高学生的创造力,极有帮助。这种素质对学生今后一生都非常有用,难以用金钱换算价值。

美国"放羊式"的自由教育,亲身经历过的中国学生,体会自然更为深刻。有位13岁的中国女孩,在美国初中就读一年,读的是七年级,她回中国后是这样回忆的:最令我难忘的是社会学老师奥斯波恩夫人。第一次上课,就给同学们许多旧报纸、杂志、剪刀、水彩等,让我们表达对美国的感受,然后将每位同学的作品郑重地张贴在公众栏里。有一天,她把美国刚刚发生的一起校园枪杀案例复印给每一位同学进行分析,然后发表个人见解。她还让同学们大胆发挥想象,由不同的同学担任不同的角色,设计一个国家。这个新奇的作业,一下调动了同学们的学习积极性,大家欢呼着喧闹着选择总统、法官、议员、国旗设计师等不同角色,设计着"自己的国家"。我突然意识到,美国在中学教育过程中实际上不经意地灌输了一个人走向未来社会的全部内容,其中不乏爱国主义和人文精神的培育。而且,他们给予每个学生的鼓励又是那么别具一格,我们年级就公开评选出眼睛最迷人的、身材最漂亮的、关系最融洽的、歌喉最美妙的、跳舞最标致的和最沉默寡言等不同类型的特色同学,令中国学生想都不敢想,我也为此获得过不迟到奖、无警告奖、英语和社会学奖等。我从"玩"中感受到美国教育的精细和力量。我爱上学了!这是我在中国上学料想不到的,每天一睁开眼,我的第一个想法是:"我要上学了。"能看到那么多快乐的朋友们,能在课堂上享受快乐,我一点也不感到

吹奏自由的号手

享受"课余"

学习很累。我惊奇地发现，我身上正悄悄发生着一系列变化：穿着更得体、爱运动，坐车要系安全带，手头的纸片一定要扔在垃圾筒里……这是一份成长的喜悦，我发现自己一天天成熟起来。我怀念美国素质教育的独特、轻松、精彩，还有那里湛蓝的天空，清爽的空气，人与动物和谐相处的人文环境……

这就是一个13岁的中国女孩所感受到的美国教育。

与"放羊式"的自由教育相对应的，就是美国老师的一个普遍共识：乖乖听话的不一定就能成功，淘气好玩的不一定就不能成功。许多非常成功的人，他们当年都不是"好"孩子，后来大器有成。正因为如此，他们身上有一种"叛逆"精神，胆子大，"鬼"主

在生活的课堂里与远方来客欢聚

意多，念中学，念大学，念两年就敢不念了，这在中国真难以让人接受，但美国人却可以容忍并且理解。这方面最典型的例子，那就莫过于微软总裁、当今世界首富比尔·盖茨了。一位旅美的著名华裔物理学家曾说：我想中国的留学生比起美国的学生或者别的国家的留学生，普遍讲起来有一个特点，就是兴趣比较窄，还有一个就是胆子比较小，我想这是两个最引人注意的特点。这说明了什么呢？至少从反面佐证了"放羊式"的好处，养成了学生兴趣广，胆

子大，善于独立思考，敢于个人创意。

比较一下中美两国教育，显然，美国的教育注重广而博，强调培养学生的自信、自主、自立精神，也就是说，美国更注重培养学生运用知识的实际能力，注重培养学生对知识和权威的质疑、批判精神，注重强化学生对知识的拓展和创造。当然，更明显的还有教育观与知识观的差异。例如，以数学为例，中国教育界历来认为基本概念和基本运算是数学的基础，因此中小学阶段不许学生用计算器。而在美国，基本运算不受重视，计算器在中小学广泛且普遍使用。中国教育的"基础"是指大脑在独立于计算机的前提下尽可能多地储备知识、尽可能快地提取知识，所以中国学生的大脑在上述

人生的远航

两方面得到充分的训练。美国教育的"基础"则强调大脑在充分利用计算机的前提下，放弃发展那些属于计算机工作领域所需的能力，热衷发展那些属于计算机无法工作的领域或所需的能力。正因如此，在闭卷笔试的考试形式下，美国学生比不过中国学生；而在可以随意使用各种信息工具的研究中，中国学生就远远比不过美国学生了。一位国际知名的教育学家则表示：中国的大学生百里挑一，素质绝对高，但他们进了大学校门之后，经历就与美国大学生大不一样。中国学生进入高校就仿佛进入了一个个小胡同，"扎"进了各个系。但你去问哈佛大学的学生是什么系的？他们很不理解：我们没有系！他们进了哈佛大学，好像进了大观园，自己选择怎么读，读什么。这样，一两年下来，学生的主动性和知识的开阔度就很不一样了。学生的头脑不是用来当填充知识的容器，而是如同点燃探路的火炬。一个学生的好与差，绝对不单单是用分数就可以来表示的，分数只能是一个参考，分数不能决定一切。

说到美国的教育，还有一个很重要的内容，这就是家庭教育的问题。家庭教育的好坏，绝对关系到孩子的成败，尤其是在德育方面。现今，美国富人教育孩子的新时尚是让孩子出去找工作，目光远大的富人在急忙给子女注射"富裕流行病"预防针，以防患于未然，这对孩子的成长是很有好处的。

据报载，在对富人进行的调查中发现，美国多达1/5的百万富翁把留给子女的遗产限制在"中产"水平上。从微软公司的比尔·

登月之梦的念头就是从此时拥有

盖茨这样的富豪到好莱坞明星,富人都在想办法确保子女不要患上"富裕流行病":由于太有钱而引起的道德、感情和行为问题。美国很多靠自我奋斗发迹的百万富翁认为,必须从富豪世家子弟的不幸命运中吸取教训,比如世界最富的家族继承人拉斐尔·德·罗思柴尔德两年前因吸食过量海洛因而死于纽约街头,年仅22岁。教育学家科利尔估计,美国的320万百万富翁中,将有60万人把大部分财产捐赠给慈善机构,因为他们担心财富会害了孩子。他说,与我打交道的富翁,大约90%都对这个令人头疼的问题感到担忧,而这个问题10年前是不存在的。新富们希望自己的孩子享受中产阶层的生活方式,让他们婚姻美满、子女幸福。给孩子留多少钱,这是新富们坐下来热烈讨论的话题。科利尔说,财产达2000万英镑的家族一般给每个孩子留100万英镑,用于买房和教育。财产在7200万英镑以上的家族认为给每个孩子700万英镑就绰绰有余了。拥有祖传财产的富翁往往给子女较多的遗产,他们认为孩子所受的教育就是为了管理家族财产。南加利福尼亚大学社会学家杰里维米·布赖顿说,西海岸的富人们不同于东海岸的先辈,部分原因是他们当中很多人是以赚钱为乐,而不是以花钱为乐的企业家。布赖顿说:"这就是为什么世界首富比尔·盖茨说他给家人留下的财产不会超过1亿美元(7200万英镑)。他和妻子梅琳达不希望自己的

遍布美国的校车

两个孩子过着妄想狂般毫无意义的生活。纽约和华盛顿以外的地区也有越来越多的新富这么认为。"这种信号也传到了好莱坞。苏珊·萨兰登与好莱坞演员蒂姆·罗宾斯育有两子。她说:"金钱会让头脑糊涂。我们身边尽是被毁掉的好莱坞孩子,我看得太多了,知道如果父母满足于死后表现出慈爱,那会怎么样。"迈克尔·道格拉斯和泽塔·琼斯为儿子迪伦选择了另外一条路。在他的命名洗礼上,他们送给儿子的礼物包括拿出10万美元成立一家慈善基金会,以此告诉他如何放弃金钱。预测文化和技术变革的《创新风》一书作者理查德·勒纳说,随着美国人对自己的生活目标提出质疑,捐赠遗产的富翁很可能越来越多。他说:"让你的孩子出去工作,自己谋生,是件非常时髦的事情。"

有位作家曾感叹美国是个谜:"这是一个相当独特的国家。它和我们隔海相望,几乎在地球的同样纬度上,却和中国那么不同。真实的美国,比想象中复杂得多。"美国的教育,又何尝不是如此呢?不过,现今美国在进行"放羊式"自由教育的同时,也开始注重向东方国家优良的教育传统学习了。亚利桑那州一位正在学习汉语的中学老师对我说:"这就叫'他山之石,可以攻玉'。"

一位乡村教师的喜悦

草地上的童趣给了心灵空间与营养

21

"人才收割机"在行动

书中自有黄金屋

来自各国的
留学生正是美国
待"收割"的人才

　　在美国，不少人把他们国家的托福及 GRE 考试称作"人才收割机"，尤其是对中国而言。细细琢磨一下，觉得还是美国人坦率，说的是大实话，很少搞那种"犹抱琵琶半遮面"的事情。

　　托福是出国留学赴美、赴加的必备考试，亦可以说是"第一道关口"。在美国和加拿大，已经有超过 2500 所的大学和学院承认这项考试成绩，若成绩不过关，任何一名学生也难迈进它们的大门。而 GRE 的成绩更是绝大多数中国留学生用来申请奖学金的"杀手锏"。

　　当我在哈佛大学访问时，一位对中国留美学生特别关注的美国教授窃窃自喜告诉我：仅仅去年一年，你们中国来美国的留学生就多达5万人，我们的"人才收割机"一开，就不愁没有收获！听完他的话，我心里怪不是滋味。5万人！5万人是个什么概念？中国一位资深的教育专家坦言：这相当于中国20多所著名大学一年毕业学生的总和。而且，这5万人在中国肯定都是"拔尖"的学生，差的不好的怎么能通过托福考试？学习成绩不好，美国的大学"挑肥拣瘦"，"胃口"刁着呢，也不会要呀！美国的一家传媒曾报道说，清华大学、北京大学等涉及高科技专业的毕业生大部分都来到了美国。在美国的中国留学生一般来讲素质都是比较高的，都是美国亟须的不可或缺的各类专业人才。中国移民美国的拥有本科以上文凭的各类专业人才已达45万人之多，而这些人，都曾经当过"托派"(意即通过托福考试)而被美国的"人才收割机"收获。

追溯一下历史，托福——这个美国的"人才收割机"早在1965年就开始"收割行动"了。如今，38年过去，弹指一挥间，托福"一发而不可收拾"，造就了一支何等壮观的"托派大军"？现在，全世界每年有近百万人参加托福考试，全世界遍布的托福考试中心已达到1800多个。中国内地的首次托福考试，时间是在1981年12月1日，当时的考生不到640人。如今，只北京地区的考生每年就超过5万人。记得前几年，在北京要考托福，为了领取一份申请表，就得排两天两夜的队，那种人潮汹涌、人头攒动的壮观情景，举世罕见。

一位在现场感受过上述情景的美国工程师在美国对我说，他当时也感到了一种震撼和困惑，他想象不出托福咋就有这么大的魅力？要考托福的人的情绪咋就这么"狂热"？

这位中学生在按时收割自家的青草

来自北京的一位留美学人告诉我，一个周末的晚上，他的好友S先生去参加一次特别聚会。这是一次再简单不过的聚会，没有丝毫的奢侈与豪华，20多个人挤坐在一家不算太吵的酒吧里随意地聊着天。但这绝对又是一个不同寻常的聚会，因为这是来自中国同一所著名大学、同一个班级的全体同学在遥远的大洋彼岸——美利坚合众国举行的一次"别后重逢"恳谈会……我问这会不会是"天方夜谭"？他说绝非"子虚乌有"。

在麻省理工学院就读的一位朋友处，我看到他保存了一本中国内地报纸剪贴，其中不少内容都是关于赴美留学的：

2001年北京大学本科毕业生2217人，研究生2002人，毕业后直接出国留学的有831人，占毕业生总数的近20%，其中有711人去了美国，比例接近87%，比上一年增长了9个百分点。这一年北京大学物理化学专业毕业32人，直接出国留学的达28人；高分子化学与物理专业毕业15人，出国人数达13人，比例接近90%，几乎要走光了。

再看看清华大学：1998年，清华大学毕业生直接申请出国留学的为700多人；1999年为960多人；2000年更是突破千人大关，达到1120多人；2001年、2002年继续保持在千人以上，而且每年都是持续增长的强劲势头。

据北大一些老师和学生说，北大文科出国的少一些，理工科毕业出国的就非常多了。如物理、化学等相关专业一直是出国比例比较高的学科，全班同学都出国的现象并不罕见。北大、清华很多学生在大二、大三时不是全力以赴去上基础课而是手捧"新东方"的"红书"准备"寄托"(GRE与托福)考试，巴望早一点当"托派"……以致有人发出了这般忧心如焚的诘问：北大、清华到底为谁而办？

但是，美国的"人才收割机"却没有丝毫"停工"、"歇业"的蛛丝马迹，而是越来越加速了它的行动。得人才者得天下，古今中外好像都在这么说，而真正做

本书作者采访美国的资深教授

坐落在美国西部的著名学府犹他州立大学

的要比说的更扎实、更彻底、更到位的，恐怕只有美国等少数几个发达国家，美国则又是少数中的佼佼者。随着人类社会由工业经济时代迈向知识经济时代，来势凶猛的"全球化"必然导致经济结构的巨大调整，引发就业结构的根本性变化，各国所面临的问题几乎是相似的：一方面，以"肌肉为本钱"从事简单劳动的就业机会不断减少，失业问题日趋严重；另一方面，从事高科技研发及操作的高素质、高智力人才越来越供不应求。就美国来说，现有100多万科学家和工程师在从事研发与创新，高居世界各国之首，但仍嫌各类专业人才严重不足。我访美的当年，美国共缺少化学、生物、物理等学科的科技人才达45万人，预计到2006年，缺口还是"填补"不住，将攀升到67万人。美国劳工部的预测表明，美国尚需要100多万名掌握软件技能的人才，今后5年内，美国每年至少还需要9.5万名电脑专家，而美国国内培养能力只能满足需求的1/3。在2010年以前，美国平均每年还缺少近10 000名具有博士学位的科学家。

那么，美国是如何解决"人才饥荒"的呢？

我访美走了不少的州，他们谈到这个问题时都能讲出一套办法来，归纳起来大同小异，最主要的一招还是开动"人才收割机"，面向海外广招留学生。近几年来，越来越多美国大学的正副校长一改往日的"等待收割"，变成今日的"主动收割"，他们纷纷外出开辟生源，亚洲是他们最瞩目的地方，而中国又是他们光顾最频繁的地方。还有美国业内资深人士分析指出：这些文质彬彬的教育界人士，实质上与各类制造商、金融大亨纷纷出击各国大赚其钱的目的一样，面对美国国内大学生源日益减少，大量先进的大学教育硬软件闲置不能创造利润的潜在危机，他们更迫切地需要海外留学生来填补这个空白。美国具有世界一流的教育环境，其大学教育质量当属上乘，培养出来的学生也很优秀，所以，各大学推销的产品既不是电脑，也不是飞机，但要比电脑、飞机更加抢手，更加赚钱，更加拥有巨额利润的周期回报。

20世纪90年代中期，在美国读书的海外留学生就达到了50万人。在这个令人惊讶的数字中，有近35万人来自亚洲，而其中以来自中国的占最大比例。美国各大学看好中国留学生，是因他们吃

绿茵茵的草坪上，中国留学生与外国同学一起切磋学艺

苦耐劳，诚实善良，遵纪守法，有自我约束能力，而更重要的是勤奋好学，思维敏捷，刻苦钻研，成绩斐然，尊敬师长。这些人，通过"人才收割机"被"收割"到美国后，显然是一笔不能用金钱来计算的巨大的财富和资源。从改革开放后派出第一批留学生截止到1995年底，中国共派遣各类留学生25万人，回国工作的约8万人，尚有16万多人滞留国外，其中60%以上在美国拿了"绿卡"。那么，可以想象，从1995年后直到现在，中国又有多少赴美留学生学成后留在了美国?相信会是一个相当可观的数字。毫无疑问，美国是"人才收割机"行动之后的最大的既得利益者，对中国留学生而言如此，对各国留学生而言也都一样，这还不包括几十万留学生进入

杨百翰大学商学院院长盛赞中国留学生"个个都优秀"

美国后，要租房居住，要吃要喝要行要玩要买各种书籍文具，还要娱乐还要买轿车，更大头的是每年平均要交1万美元的学费，这些开支加起来，少说也在100亿美元以上，美国守住了一个固定的金矿坐享其成，大发其财，点钱都点不过来了，真正是生财有道啊!

既"收"人，又"割"钱，美国的"人才收割机"——了得!而在大洋彼岸，中国国家科技部部长在一次会议上说："今年项目验收时遇到这样的情况:一个重大科技项目取得了一批具有国际先

进水平的成绩，在感到十分欣喜时，也感到了忧虑，80%的博士（参与项目的人）已经去了国外。"看来，如今这个世界上什么东西都有办法限制，惟有人才的限制最难办到。谁能把人才留住，谁就是攻克了一项了不起的重大"科技项目"。新加坡总理则在一次演讲中表示："我们必须使亚洲像美国一样对人才具有吸引力，我们要建立一个人才的硅谷。"他同时警告说："如果我们坐视不理，西方将在网络经济中领先于我们。而与此同时，美国的创业机会将使亚洲失去越来越多的人才。"针对美国"人才收割机"的加速行动，不少亚洲的传媒直言不讳地指出：如果说第一个亚洲奇迹是亿万的亚洲人辛勤汗水的结晶，那么创造下一个奇迹需要更多的是灵感而非汗水，那是一种"更高级、更讲究策略的劳动"。我们需要那些得到有诱惑力的机会到国外学习或工作的人学成后回国效劳。如果他们走了，就如同亚洲把强大的武器送给了敌人。不用说，这样就无法在新经济战中取胜了。

美国大学校
园里的秀丽景色

风声鸟声读书声

22

山姆大叔纪事

一名尽职尽
责的国家公园"园
长"

雪山脚下的
明日球星

　　美国南北战争时，广为流传的"山姆大叔"的故事，很多人都知道。到如今，"山姆大叔"成了美国人的代名词，大家都认可了。叫一声"山姆大叔"，还增添几分幽默感和亲切感呢！

　　走进美国，"山姆大叔"中发生的不少事情，给我留下了深刻的印象，采撷二三也许能管中窥豹，略见美国"一斑"。

　　"山姆大叔"纪事之一：生命可以买卖。

　　美国确实自由，自由到什么都可以买卖，这其中就包括了人的生命。于是，不少惟利是图的人就打起这方面的主意，在或明或暗中，一个购买生命的行当出现了。在美国，很多老人退休后，收入减少，生活水平走下坡路。但他们不少人购买有很高额的人寿保险，并拥有价值不菲的房屋。这虽然都是钱，但人寿保险要到死亡后才能领取，房屋变卖后尚需租屋居住。一位"山姆大叔"给我算了这样一笔账：一个老人的人寿保险是100万美元，房屋是50万美元，总价值为150万美元，等老人去世后，除掉税，可剩余75万美元。如果你要提前购买过来，花40万至50万美元即可。有没有赚头，"猫腻"就在于能不能准确预测老人的身体状况和死亡年龄。譬如，老人现在60岁，取平均寿命可活到85岁，这就有了25年的生活开支。你必须与老人订立合同，每月按1350美元的生活费标准支付老人，直到老人去世，你就成了他的人寿保险和房屋等财产的法定继承人。显而易见，这里面也有许多变数，如果老人在70岁时去世，你就只支付了16万美元，赚头就多。而老人若是100岁时去世，你支付的就达65万美元，就有可能得不偿失。总之，干啥事没风险?购买生命无疑也是一个充满风险的行当。

有位"山姆大叔"，在大学的经济专业毕业后，专门从事这类投资，数年下来，没少赚钱，一跃而成为百万富翁。后来，由于"走运"，他又大赚了一笔：他在购买了一位中年人的人寿保险和房屋财产后，不到一个月，这位中年人因车祸意外死亡，他一下子得到近百万美元，投资回报率高达数千倍，真是点着Money，喜不自禁！当然也有很不"走运"的投资者。琼斯先生是一位十分精明的会计师。当年，他刚参加工作时，就参加了这种购买别人生命的投资。千挑万选之后，终于挑上了苏珊老太。这老太当时已满60岁，身体虚弱，心脏还动过"搭桥"手术，而且她的父母都是糖尿病人，都没活过60岁。琼斯看中苏珊老太的条件好，还在于她孤身一人，先生已去世，由于财产的原因，老太太已声明不再婚嫁，严防"肥水流入外人田"。琼斯相信，这

不怕犀牛的
"初生牛犊"

老太太不是病死，也会孤独而死，反正活不了多久。他算计了老太太的财产总共有300多万美元，如果继承，以老太太活到73岁为准(当时美国的平均寿命)可以实际获利150万美元。于是，琼斯开始了购买苏珊老太生命的历程。每月，琼斯总是按时支付老太太的生活费用，虽然老太太经常住院治疗，动不动就报病危，但总是让琼斯虚喜一场，因为老太太总能逢凶化吉，大难不死，且活的越来越有精神，病反倒越来越少。

38年过去，弹指一挥间。苏珊老太明白琼斯每天都在诅咒她死，但她毫不理会，活得更加滋润，更有情趣。反观琼斯，非但未能如意得到老太太的财产，反而越赔越"大发"了，眼看自己由一

个20多岁的小伙,供养一位被"购买生命"的老太太,直供养到自己的头发也白了,眼睛也花了,转眼要退休了,也要靠别人供养了,却不得不每月从自己腰包里掏出4000美元供养苏珊老太太。这时,每到月初给老太签发支票时,琼斯便开始诅咒自己了:"该死的琼斯,你真是一个大傻瓜!"然后便会无限伤感道:"苏珊老太太已经收到我180万美元了,还剩30多万元我是否能赚到……"可是,人算不如天算,有人甚至担忧琼斯老汉是否能够熬过苏珊老太,一不小心走在苏珊老太的前面。

"山姆大叔"纪事之二:以富斗富。

"山姆大叔"常夸耀说,他们生活多么多么富裕,社会财富分配比较均匀,绝对贫困与绝对富裕的人口也就在5%以内,95%的"山姆大叔"都属于"中产阶级"。对此说法我无法判断它的权威性,只能"未置可否"。但对于一般的三四口之家来说,如果两人工作,一年的收入应该不低于5万美元。受教育程度越高,薪水也就越高。

美国竞争激烈,人人都想冒"尖",借以向大众展示自己的"不同凡俗"。于是乎,顺理成章进行"斗富",也就成了"山姆大叔"们的一大嗜好。

好斗的美国水牛在公路上发威

全美首富比尔·盖茨,个人资产高达200亿美元,他仅在华盛顿州为自己建造的豪宅"未来屋"就耗资3000万美元以上,光是全自动进出的巨型车库就能容纳20多辆豪华轿车。他最爱看畅销书《大亨小传》,他说他要处处超过大亨,在建造豪宅方面更是当仁不让!

同一个大公司的两位职员,桌挨桌,面对面,你买了一部崭新的BMW来上班,我也就要开来一部顶级奔驰抖抖威风,而且里面还装备着卫星定位系统,让你不比不知道,一比吓一跳!

同一所大学里的两位教授,年薪差不多都是20多万美元,房子从20万一幢的买起,现已搬了三次家,房价也上扬到80万美元以上,两人却还在暗中"较劲",绝不轻言输赢。

痛并快乐着

麦克与哈维两兄弟,弟当推销商,赚了不少钱,买豪宅、买靓车、买游艇,该买的"大件"都买完了。哥不甘示弱,除在上述"大件"上压倒弟外,又甩出巨额资金买了一块数千英亩的牧场,牧场里有山峦,还有一条属于自己的河流和一口十多英亩大的小湖,哥诚邀弟携全家来牧场度假,实则借机炫耀一下自己的富庶。弟心知肚明,哪能咽下这口窝囊气,返回家便筹措大笔资金,并要把股票市场上的钱也"圈"回来。当时股票市场正"牛",投资顾问力劝他暂时不要撤出，否则会有损失，谁知弟却说：我哥没有买股票都买了牧场，我做了20多年生意竟然连个牧场都买不起，像话吗?!前两天我和太太看中了一家牧场，有上万亩面积，我决定要马上买下来，然后立即回请我哥来此度假……

显然，拥有了牧场，那就不是一般的富了，再"循迹追踪"往下斗富，那就是买飞机在牧场上空飞翔了，那抖富，可是抖到天上去了呀！

凯利先生是一名服装大老板，生意非常好，每天财源滚滚，赚海了。他的最大爱好是开飞机，原来自己买了一架美国老式的鬼怪式战斗机，后来看到飞行俱乐部的朋友们纷纷赶时髦玩上俄国的米格－21战斗机，才隐隐约约感到自己好像是矮了一截，没有人家"富有"。特别脸上无光的是，一旦驾机升空，鬼怪式战斗机的性能根本没办法与俄国的米格－21战斗机相媲美。一气之下，凯利找到一家与俄国有生意往来的公司，非要让其代理帮助购买一架米格－23战斗机不行。为了购买新型号飞机，凯利专程前往俄国考察了一番，并花不菲的资金参加了专门的培训。后来，当凯利驾驶着米格－23遨游蓝天时，自卑感一扫至九霄云外，他斗富后的满足感洋溢在万里长空。不过这种心理满足完全是用美元堆出来的，仅举一小例，原来鬼怪式飞一个小时需要2000美元的费用，现在米格机就需要7000美元了。难怪"山姆大叔"说："斗富，其实就是斗美元。"

"山姆大叔"纪事之三：劫匪老母打赢官司。

这位"山姆大叔"是一位身高2米的黑人彪形大汉。只可惜他

直升机的翅膀旋起农场主的发家之梦

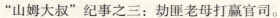

沙滩奏鸣曲

有力气不用在正经地方，而干上了打家劫舍的营生。那日周末晚间，已一步步迈入中产阶级的亚裔少妇正在自家的杂货店站好"最后一班岗"，恰在此时，黑人大汉头蒙面具，手持短枪，闯入店内，并大喝一声："不许动，我来打劫!"亚裔少妇警匪枪战片看多了，没有惊魂失魄到不能自制的地步，而是规规矩矩退到柜台后面，虽不情愿，但还是说："请自取。"蒙面劫匪且走且进，一手用枪逼着亚裔少妇，一手打开收银机，将里面的千余美元塞往自己的口袋。抢财完毕，走人也就罢了，但黑人劫匪两眼死盯住亚裔少妇，欲火中烧，还要贪色!劫匪随手将店门锁上，之后步步逼近。亚裔少妇见此，只好虚与周旋，慢慢脱着上衣，当劫匪更加接近之时，飞起一脚踢到劫匪阴部，只听其"哎呀"痛苦地大叫，叫声未完，只见亚裔少妇又一个飞身将其持枪的右手拧于身后，劫匪此时狗急跳墙，扣动扳机开枪，但因其手被亚裔少妇紧别于身后，所幸亚裔少妇毫发无损。说时迟，那时快，亚裔少妇一手死按劫匪，一手去拽电话，刚刚拨通"911"求救电话报警，就见劫匪猛一个鲤鱼翻身将亚裔少妇推进柜台。好险哪!亚裔少妇眼见劫匪的手中枪正指向自己，连忙将身体一缩，变戏法般取出藏在柜台内的自家左轮手枪，举起随手就是一枪，劫匪应声倒地，弹中眉心，瞬间毙命。原来，身材婀娜的亚裔少妇曾经当过母国的警察，可谓针尖对麦芒，黑脸的"山姆大叔"碰到枪口上啦!

　　几分钟后，警车鸣笛开到，警察撩去劫匪的面罩，亚裔少妇一看竟是居住在离杂货店不远处的熟客。警察进行了拍照录像，并勘察了现场，然后请亚裔少妇叙述事件经过，接着和颜悦色告诉亚裔

猎手不言败

在车轮上闯
荡生活

少妇:"你是正当防卫,不负担任何刑事责任,你可以回寓所休息了,晚安!"

按照美国法律,甲到乙家中,如果甲不听从乙的要求,或者乙认为甲对其人身安全构成威胁,或携带有武器,乙可以正当防卫,格杀勿论。实际生活中,就有夜间醉汉误闯私人住宅花园,主人要求其离开但被拒绝,被主人开枪击毙的案例,诸如此类事件,法官均会判杀人者无罪。亚裔少妇的事件也是如此,经过法院审判,法官判决无罪。

两个月之后的一天,亚裔少妇忽然接到一封法院公函。拆开一看,老天!竟然是黑人劫匪七旬老母的起诉状,大意是因其丧子,断绝生活来源,要求亚裔少妇赔偿其子意外丧生的精神损失费20万美元,另加每月的生活费用。亚裔少妇怒不可遏:真是岂有此理,你儿子当强盗抢劫致死,老母还要趁机勒索,如此这般,天理难容!随即,便请律师应诉到堂上讨个公道。

这日,法庭开庭,双方开始答辩。

亚裔少妇:"劫匪持枪入室抢劫,并对我强暴未遂,我为自救开枪杀他无错,属于正当防卫,何以要对其母负责?"

黑人老母:"我子抢劫固然犯法,但他并未要杀你,你说他还要劫色,这是因为你很美丽,他又未婚,精力旺盛。不管怎样,对你无生命危险。即便是强奸了你,你也断无枪杀他的理由。"

亚裔少妇:"他手持枪支,子弹在膛,何以无危险?"

黑人老母:"他开枪均打在墙上,而你却一枪将他毙命,可见你不人道,凶狠残暴。我儿对我一向孝顺,我需要靠他供养生活,你杀我儿,断我生活来源,所以你必须担负起我儿的职责,对我供养,并赔偿我失儿的精神损失。"

亚裔少妇:"我并未要求你儿抢劫,你儿到我店中抢劫并欲施暴,对我伤害极大,应该你代你儿对我赔偿,我有何理由赔偿于你?"

黑人老母:"我儿固然不对,但你可好言相劝,我原来有儿每月奉送的3000美元,现却无人奉养,事出于你,你必须承担!……"

经过舌枪唇剑"马拉松"的辩论,法官最后做出权威裁定——

经本庭审判,陪审员一致同意黑人之母的诉求,兹判决如下:

亚裔少妇每月奉送2500美元生活费给黑人老母,一直到其死亡;

亚裔少妇赔偿黑人老母因丧子所承受的精神伤失50000美元。

听后,亚裔少妇无可奈何地悲叹:"我母在世时,我都没有每月供奉其2500美元,今日却要供养一抢我并欲奸我杀我的黑人之老母……哎,山姆大叔啊!哎,美国啊!……"

充满自信的
防暴警察

"山姆大叔",
你到底因为什么而
微笑

23

遭遇美国大兵

清晨，围绕华盛顿纪念碑苦练俯卧撑功夫的美国大兵

机翼下的梦

　　在国家大草坪的中部，在绿草成茵的坡顶，华盛顿纪念碑拔地而起，一柱擎天。它的金字塔式小尖顶是华盛顿的制高点，所以，任何一个从远方来的人，当他走近美国首都时，第一眼看到的华盛顿建筑物总是这座碑身上没有一个字母的纪念碑。

　　这日清晨，曙光初照，微风吹拂，当我散步来到国家大草坪上的华盛顿纪念碑下，竟邂逅正在这里晨练的美国大兵！他们身着迷彩服，以纪念碑碑身为中心绕成一圈，在长官的号令下，正在苦练俯卧撑，一个个既认真，又卖劲，不多一会儿就气喘吁吁，汗流浃背。我当时挺纳闷，心想：美国真是个自由的国度，大兵练俯卧撑，练到华盛顿纪念碑下来了，真够可以的！是美国大兵在"作秀"？还是谁赋予了他们这种特权？我不得而知，反正美国大兵能在这样一个神圣庄严的地方练俯卧撑，意义总是不一般吧？

冷战之后，美国成了世界惟一的"大哥大"，当今国际事务几乎没有它不插手的。如此这般，它靠的是什么？成全美国霸业的秘密有很多，但最直接、最明显的表现形式则是从美国独立之日起，美国人就为自己的国家豢养起一支攻防兼备的武装力量：美国大兵。

曾有专门研究美国大兵的专家学者这样写道：当与外国做生意的美国大老板生意做不下去的时候，如萨达姆断了美国商人的石油命脉；当美国国内的军火工厂因为美军的订单锐减而濒临破产的时候，如美国某军火工厂5000多员工某年只接到美国空军1架F-

16战斗机的订单……美国的政治家(其实无论是美国总统，还是国会议员，他们的背后都有强大的财团在支撑着，他们要为生意人和工厂老板说话)便要站出来说，为什么还不动用美国大兵？其实，稍微了解美国历史的人都会明白：美国在两次世界大战后成为世界暴发户靠的就是这两种东西：商人和军人。而后一种即军人也许是更有形的。美国大兵由为摆脱殖民主义统治、争取国家独立和维护国家统一的斗士变成向外扩张的马前卒，用了一百年多一点的时间。这一演变的动力不只在美国

本书作者"遭遇"美国大兵

大兵本身，还在于美国在国际事务中所扮演角色的变化，在于国内政治势力，特别是新兴资产阶级占据了独立和统一后的美国。

这时，在华盛顿纪念碑下训练的美国大兵开始休息了，很多游人于是便凑上前去，"Hi!""Hi!"不断打着招呼，以示友好。不少游人还向美国大兵提出这样或那样的问题，请他们回答。美国大兵呢，既不发怵也不怯场，就像是瓷器货郎，一套一套地往外"拿"，侃侃而谈，滔滔不绝。

美国大兵A说：即使是当志愿兵，美军也不是来一个接收一个。美军对志愿入伍的青年规定了严格的入伍标准，这些标准包括综合标准、体格标准、智力标准和道德标准等诸多方面。

美国大兵B说：冬练三九，夏练三伏，战争残忍，适者生存，巴顿将军早就告诉我们："当兵，就是要准备杀人。"

美国大兵C说：对美军来讲，柏林墙倒塌、德国统一、华约解散、苏联解体这一系列的变化意味着敌人消失了。然而，"敌人"是不是真的"消失"了？如果真的是这样，恐怖主义组织和本·拉登又算什么？

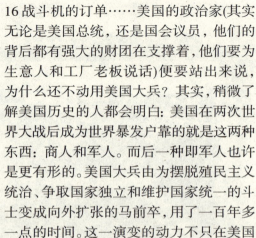

美国大兵举手宣誓

美国大兵D说：一个精明能干的给养军士长和4名烹调手艺一流的厨师，却做不出合乎全连口味的饭菜，导致连队战斗力下降。连长调查的结果发现，关键问题是出在心不齐上。

美国大兵E说：越南战争以来徘徊在美国的幽灵已经被彻底埋葬于阿富汗反恐怖的大沙漠里了。

美国大兵F说：美国的安全战略是建立在扩大民主国家大家庭并阻止和遏制对美国及其盟国和我们的利益的一系列威胁的基础之上的。

美国大兵G说：寓言里讲猫虎同族，当年虎哥拜猫弟学武，学成结业时，虎哥打起猫弟的嫩肉主意。猫拿出最后一招，跳上树权，老虎此时无可奈何，只得坐地怅然观望。在武器装备发展上，即使对盟军，美军也不忘给自己留下看家的一招。

美国大兵H说：美军将会变得越来越少，但会越来越精悍，反应越来越快，能量越来越大，战斗力越来越强。

美国大兵I说：我们将向数字化部队迈进，这种部队的潜力是难以预料的，它可能将引发一场真正的军事技术革命和作战方式的划时代变革。毫无疑问，先行一步的美国将走在这一革命的最前列。

"当兵，就是要准备杀人"

美国大兵J说：你要问未来美军与谁作战，这个我也说不清楚。反正几年前美军在加州举行的模拟未来

导弹不是用来摆设的

战争的演习，其假想敌都是中国军队。

美国大兵K则说：不要指责我们好战黩武，追逐和保护美国的商业利益才是我们要承担的重任。

这些美国大兵说的像模像样，事实上"反恐战争扭曲了美军的道德观"，这是令人担忧的事。你看，罂粟花盛开在阿富汗的原野，即使有美国大兵在，但军阀和黑帮头目仍能确保海洛因获得丰收，以供应世界市场。美国大兵陷于反恐战争不能自拔，在面临喀布尔以西2000英里的耶路撒冷、拉姆安拉、特拉维夫、纳布路斯、杰宁和加沙大街上爆发的一场场更加危险的冲突时显得同样无动于衷。当以色列军队在难民营里滥杀无辜，美国呼吁"保持克制"；

以"军中王牌"自誉的美国空军

当巴勒斯坦人在以色列人群中引爆自杀性炸弹，美国毫无顾忌地谴责阿拉法特没能管住他手下的坏人，没有制止"恐怖主义"；当以色列必须给巴勒斯坦"造成更大伤亡"时，美国保持了沉默。或许这不是无动于衷，或许实际上相信这是在为美国实施"反恐战争"，或许美国的道德观已完全被"9·11"事件所扭曲。所以，反对殖民统治战争已经转变为"反恐战争"的局部战争了，我们现在必须硬着头皮记住以下一些主要词汇：针锋相对、暴力圈、邪恶轴心、掐花使者……

美国大兵不知明白不明白，事实上，一方面美国人正在歪曲正义战争的性质，另一方面他们又在阿富汗问题上欺世盗名。美军中央司令部司令弗兰克斯将军谈到在哈扎尔加达姆被误杀的16名无辜的阿富汗人时说了这样一句话："我并不认为这是任何形式的失误。"而他的上司，国防部长拉姆斯菲尔德在数以千计的阿富汗平民被美国炸弹炸死之后拒绝使用"误伤"一词，甚至拒绝使用"调查"一词。既然华盛顿最高军事官员都如此不诚实，以色列坦克就可以向难民营开火而无须顾及美国国会做出强烈反应，或者因为要杀死儿童的父亲而炸掉运送儿童的汽车。这难道还有什么可奇怪的吗？

于是有人提出这样一个问题：在世界各地遭遇美国大兵，到底是福还是祸呢？这似乎是不是问题的问题。

美国人健忘吗？也许他们早已忘记了深陷越南战争泥潭的沉痛教训。

美国人不健忘吗？在离华盛顿纪念碑不远处那面镌刻着越战阵

亡将士名单的碑墙以及与此相对应的另一面写着"自由并不免费"(Freedom is not free)题词的碑墙，让人想起美国这个民族一刻也没有忘记它曾参加过的所有战争。前美国国防部顾问汉斯·J.摩根索曾指出，在印度支那战场，"美国用杀死众多敌人直至斩尽杀绝的办法来消灭敌人的抵抗力量。'自由世界'的冠军正在用摧毁越南人民的办法来保护他们免遭共产主义的厄运。"这真是一个绝妙的讽刺。

也许，正是对朝鲜战争、越南战争失败的反思让美国重新调理好了我眼前的这样一批美国大兵，是20世纪90年代的海湾战争和刚刚进入21世纪的阿富汗反恐战争大大鼓舞起今天美国大兵的士气。当美国又在为这些大兵队伍筹划着"21世纪部队"建设的新构想之时，人们不禁要问：21世纪的美国大兵还能像20世纪那样为美国打天下吗？

会讲历史的战舰

太阳升的老高了，环绕华盛顿纪念碑训练完毕的美国大兵排好队伍，要回营房去了，游人们纷纷以"Good—bye"向他们道别，愿他们珍重，祝他们走好。

当本书即将付梓之时，又传来美国政府给美军大幅度增加奖金数额的消息：由于伊拉克和其他地方需要美军长期驻扎，所以，陆军和军方的一些特种作战部队大幅度增加了奖金数额，以期招募到更多的士兵，同时挽留经验丰富的现役军人。五角大楼宣布，将向长期服役的陆军、空

辗过战争的轮胎

军和海军特种作战部队官兵提供最高为15万美元的奖金，条件是他们同意在军队中继续服役，时间最长为6年。这是现役部队有史以来金额最高的奖金，表明重要部队(如陆军和海军的特种作战部队)在补充兵员的问题上遭遇到了困难：这些部队的士兵要接受数年训练，人均训练费用高达30万美元。与此同时，五角大楼扩大了发放奖金的范围，以期促进现役和预备役部队延长服役期和招募新兵的工作，同时鼓舞了士气。由于阿富汗和伊拉克的三年战争耗费了大量人力物力，国会已经在质疑美国军队是否有充足的兵力同时打两场大型战争。增加奖金的措施，正是在这种背景下出台的。

陆军表示，在49%的现有兵种中，如果士兵延长服役期，最多可以领取1.5万美元的奖金。他们的军衔或驻扎地点对奖金没有影响。在人员紧缺的16个兵种（包括卡车司机和炸弹引爆专家）中，如果资历较深的士兵延长服役期，最多可以拿到5万美元的奖金。在伊拉克驻扎的15万名官兵中，大多数人属于陆军。陆军的现役、预备役和国民警卫队军人大约有100万，在全球反恐战争中的任务最为繁重。为了保持军队规模，陆军今年要发放创记录的4亿美元的奖金。

在大学校园里传播军事知识的美国大兵，一副充满自信的样子

增加奖金的做法引起了一些军事学者的忧虑。有些人担心，如果过于注重经济奖励，就会破坏无私服务的观念，而这恰恰是志愿兵的核心价值观。在布林莫尔学院讲授军事文化的吉姆·马丁说："这是一种根本性的变革。它使我们不再关心是非公道，使军人的天职染上了铜臭。"

"重赏之下，必有勇夫"？真不知我遭遇过的和未曾遭遇过的美国大兵对此会是一种怎样的态度和怎样的心情？

不爱红装爱武装：军训中的美国女兵

24

将官司进行到底

白宫外的上访者

美利坚合
众国的缔造者主
张以法治国

　　美国是个法治国家，以好打官司誉满全球。遇到任何事情都能
够也喜欢用法律来解决问题。到了美国，谁都不敢设想没有了官司
的美国该是一种什么样的情景。假如没有了官司，律师到哪里挣钱
呢?去哪里吃饭呢?没有了吸钱如吸水、巧舌叼美元的律师，庞大的
保险业又怎么存活呢?没有了保险业，美国又有哪一家航空集团、
地铁公司、高等学府、超级市场以及医院、饭店、拍卖行、博物馆
胆敢开业呢?

　　美国人说，官司诉讼与各种保险的关系，在于一个莫名其妙的
"责任险"。这里的潜台词就是，你对很多人的受伤负有全部责任，
虽然这些人你也许一个都不认识，当你保了责任险后，当别人告你
与你打官司时，就由保险公司来承担后果了。责任险的范围非常广

泛，譬如，某行人在你家门前摔了跤，他可以告是由于你家水泥地凹凸不平，你可以告铺水泥地的建筑单位留下隐患，建筑单位可以把责任推给路旁大树，因为是树根四处延伸破坏了水泥地的根基，从而可以去告发房地产经纪人未在合同中注明大树的危险性，房地产经纪人可以去告市政当局为何要选择这种树栽植，市政当局是不是无对象可告了？NO！他们可以去告乔治·华盛顿，为什么要把美国建成一个法治国家。总之，只要你想打官司，这官司就保险能一直打下去。

法律无处不在，官司无处不有。不少中国人刚来美国时，有时遇到一些芝麻大的事儿，美国佬也要来一句"我要告你去"，被气得一个个直跳脚。时间长了才终于明白过来，假若人们不勤于诉讼和打官司，那么这个社会将会面临崩溃瓦解，不覆存在。据说，在纽约和芝加哥，平均每10多个就业数中就有一个人是律师。而在加利福尼亚州，律师多达近20万人。美国人中间传着一个笑话说，如果恐怖分子在纽约、旧金山随便哪儿扔一枚炸弹，炸死或炸伤的准会有一个是律师。律师真是滥了满大街了？近期的民意测验表明，美国民众最反感和不欢迎的人之一就是律师。尽管如此，大学里要分最高、最火暴的仍然是法律专业。繁琐的法律需要律师阐释，众多的官司需要律师打理，所以，律师再多也不愁没碗饭吃，律师也是美国最赚钱的职业之一。

行色匆匆的人流中或许就有前去打官司的人

在美国，一不小心你可能就犯法了。譬如你驾车外出旅游，在州际公路上撞死一只横冲直撞过来的羚羊，那不是你的过错，你只要把羚羊安放在路边就可以了。但是如果你要把死去的羚羊拉回家美餐一顿，那你就犯法了。私家花园花开正艳，你伸手便可摘到，主人没有同意你就当了"掐花使者"，那也是告你没商量，私人财产神圣不可侵犯嘛！你到学校接你孩子下学回家，顺道捎着拉了孩子的一个同学，这个学生的家长假如未授权你这样做，你也犯法了，别以为你学雷锋做了好事，你这是费力不讨好，说的难听一点，那是"狗拿耗子多管闲事"！有人说，美国法律的神圣和荒唐几乎同在，这话说的不差。人被轻擦一下，车被轻碰一下，家里的音响打扰了邻居的安宁，花园的树木遮挡了别人家的光线，都可能引起不大不小的官司。

车泊不好也会引起官司，有时车未到家，罚款单就已经寄到了家里

我在犹他州采访第19届冬奥会前期准备工作时，在去高山滑

雪场的途中因为路太滑，停车时踩急了刹车，由于惯性作用，车还是往前冲了几米，与前面一位老太太驾的车"不情愿接吻"。这可把我吓坏了，赶紧下车到前面向老太太说"Sorry"，问她受伤没有？有没有不良感觉？老太太很认真地看了我的国际驾照，并记下了车牌号以及这辆车的车主、一位美国朋友的住址和电话后，说"我现在还没有什么不好的感觉，你可以先走了"。之后数日，我提心吊胆，深恐她请的律师从天而降，打来电话。谢天谢地，总算这老太太还比较仁慈，没有"讹"我。

也有我可以告人家的机会，我主动放弃了，因为咱中国人实在没有打官司的嗜好，"能饶人处且饶人"，是咱们的祖宗古训嘛！那次我去布莱斯峡谷采访，这里号称美国的"兵马俑"。当我向一个观察点走去时，这条蜿蜒的石径小路旁堆放着一些建材，表明可能正在维修，但又没有任何警示的标志，我也就放心了。当我再往前走，一脚却踩上了一块松动的石板，身体失去平衡，马上摔了一大跤，采访包也扔了老远。陪同的美国朋友大惊失色跟上来问要不要给我"Call"紧急救护员来处置？我揉了揉擦破皮的膝关节，尔后一下便站了起来，笑笑说：没关系，要什么救护员，趁现在光线好，赶紧去拍照吧！事后，公园管理处承认是他们的失误，没有及

正在执行公务的美国司法警察

时插上警示牌，陪同我的美国朋友埋怨我傻："能赢的官司不打，到手的美元不拿！"

然而在官司中长大的许多美国人可就不同了，能打的官司绝不放弃，一定要打，打到底。

一位美国男子，站在铁道边撒尿，没想到铁轨是带电的，一下子把他击倒，他成了终身残废。他控告铁路部门（铁轨不该带电？），之后便开始了"马拉松"官司，最终赢得了150万美元的赔偿。某大学一位男生偕女友登山浏览之后，不沿现成台阶下山，而是骑坐在一根管道上往下滑，结果是越滑越快，失去控制，双双撞在山下的一棵大树上。经抢救，女子不治身亡，其家庭向大学提出天文数字般的赔偿费用。还有一位先生，在电话亭里打电话时，一醉汉开车几乎撞翻了亭子，先生幸免于难，当然要打官司。但出人意料的是他不告醉汉而告电话公司，奥秘何在？原因很简单：也许醉汉是个穷光蛋，电话公司肯定是"大款"呀！形形色色，不一而足，有位法律博士都忍不住厉声质问："美国到底怎么了？"他一

以法治国，警钟长鸣

针见血地指出：仿佛美国成了一个没有个人过失的社会了，谁也不会为自己的行为受到谴责和制裁，不管他的行为多么愚蠢、幼稚、荒唐、危险。个人责任已经消失，人人都成了受害者。

美国人告的邪乎，法官判案也是花样百出，有的判决简直匪夷所思。皮特的女儿被酒后驾车的司机撞死，皮特把肇事司机告到了法院。诉讼中，法院最先下的一个判决是让皮特为肇事司机支付诉讼费，因为他穷的丁当作响，不名分文，况且又是皮特迫使他打官司的。皮特听罢，天旋地转，差点没背过气去。一富翁暴卒，身上只留下一张便条，上有几个英文字母、三个"×××"、日期和富翁英文姓氏的第一个字母。前两个"×"是富翁姓名，后一个"×"

位于首都华盛顿的美国最高法院

是富翁原来的女友兼公司伙伴。结果，糊涂法官判了糊涂案，视便条为正式遗嘱，把富翁的遗产和产品专利权都判给了据说当时已和富翁存有嫌隙"同床异梦"的女友。富翁遗属对此当然无法接受，于是又一场官司的帷幕正式拉开。当地传媒暗中窃喜，派出大牌记者深入采访，写出几十万字的超级报道，看过的人说真过瘾，比侦探小说还要精彩。哈里森兄弟极其残忍地杀害了自己的亲生父母，陪审团却不能定他们的罪，因为他们宣称自己曾受过父亲

州长的办公桌上摆放着天平，它的象征意义无须诠释

的性虐待。人们不禁要问：就算你们的父亲不是东西，那干吗要搞株连把无辜的母亲也杀死？父亲就是犯了天大的罪，也轮不到儿子去杀呀！然而，美国的司法制度就是这样，它从来不替受害人说话，而是尽量保护被告不受冤枉。像类似这样的刑事审判案都是马拉松式的，拖个一二十年不算稀奇，反正得利的是那些见钱眼开的律师。

丝毫不用怀疑，美国依法治国，法律凌驾于一切之上，有着至高无上的权威。既有联邦法律，又有各州法律，浩如烟海，多似牛毛，无所不容，包罗万象。法律条文之间矛盾交叉、互相抵牾的现象早已是见怪不怪，司空见惯。不过，"乱世英雄起四方，律师便是草头王"，所有这些都难不倒律师，这正好是他们大显身手的战场。律师们摇动三寸不烂之舌，各取所需，为己所用，谁能钻到法律的空子，打到法律的擦边球，谁就是胜利者。由此就不难悟出美国的官司为什么那样多，谁请了好律师谁就可能在官司中胜出，赢得好处甚至是一大笔意外之财。在美国打官司，且不说法律本身的漏洞，就算法律本身公正，完美无缺，那也容不得乐观，因为最终的审判权，既非法律也非法官，而是堂堂的陪审团。而陪审团的判断常常是依据原告被告双方律

主管美国司法的中枢机关：位于华盛顿的美国司法部大楼

师对案例和法律的解释和法庭上的蛊惑效果做出的。一言以蔽之，法律的尊严在很大程度上操纵在雄辩滔滔的律师手中。而律师的"上帝"只是自己的诉讼人，他只为自己的诉讼人服务，换句话说就是为钱服务，而绝不是为维护法律的公正服务。谁能把有罪辩成无辜，谁能把无罪的投进监狱，谁能力挽狂澜于不倒，把必败的官司打赢了，谁就是英雄的大律师！谁就门庭若市，接不完的案子，搂不完的美元……

不过，美国也有法律失灵的地方。在宾夕法尼亚州，有一个部落性的国中之国：艾米逊国。艾米逊人拒绝现代文明，一切保持古风。美国的许多法律，在这个"国度"里行不通，美国政府和司法部也无可奈何，只好以"尊重宗教信仰"放他们一马。如，美国人的法律义务，第一重要的是纳税，第二重要的是担任陪审员，但艾米逊人被免除了部分税赋和担任陪审员的义务。再如，艾米逊人讲《圣经》的十戒有一条是戒杀，因此艾米逊人绝不从军，拒绝服兵役，对此，美国政府也默认了，没有强求。艾米逊人的信条是：一切以《圣经》为准绳，《圣经》上没说的就不能做，《圣经》上怎么

说就怎么做。从这个意义上来讲，你也不能说艾米逊国没有法律就无法无天，《圣经》就是他们至高无上的法律!他们靠此维系社会运转，比法律呀，律师呀，官司呀，诉讼呀，更有效率。事实上，艾米逊人确实过得很潇洒，生活得很幸福。

官司多，犯人多，监狱也就跟着多。据美国司法部调查后做出的结论，美国发生的暴力案件高居世界各国之首，每年因犯罪造成的损失平均达到4500亿美元之巨。由于监狱人口的不断膨胀，联邦监狱和州监狱的空间越来越小。加利福尼亚州早在20年前，就动用322亿美元巨资，大动土木兴建监狱，扩建一个床位平均需要耗费7万美元，关押一名普通犯人每年起码需要花费2万美元。在20世纪整个90年代，加州用来增建监狱的消耗突破百亿美元大关，以满足日益增长的囚犯需要。而在密执安州，州政府开支在囚犯身上的经费，已经是该州小学生教育经费的8倍。关在监狱里的囚犯也滥用司法制度，热衷于打官司。他们打着民权招牌每年提出的诉讼案数不胜数。如有的囚犯指控狱方热天不开空调不讲人道；还有的囚犯状告狱方在围墙上安装障碍物容易使打算越狱的犯人受伤……囚犯们好像抓住一件事就敢跟你叫板打官司，他们什么都不怕，因为他们最清楚美国司法制度的金科玉律：宁纵毋枉。

"山姆大叔"的官司多于天上的星星，在美利坚这块偌大的土地上，你要是问最愿意把什么事情办妥且搞定?大多数人都会毫不犹豫地回答：

将官司进行到底!进行到底!!

美国警察

骑中国自行车执行任务的美国警察

25

此时此刻的陷阱

玩车的人尤
其要多"长"一个
心眼

陷阱肯定是有的，尤其是那些"此时此刻的陷阱"，遍布美国各州及各个行当。

在美国，我对商家对客户的殷勤与周到服务感到吃惊，那才是当"上帝"的感觉。但美国又是一个法制的社会，五花八门各式各样的法律制约着每一个商人、每一位客户。世人常说"无商不奸"，美国焉能例外?避"奸"为"尖"应该是商人的最大课题，所以，有守信誉的商人同样就会有专干欺诈之事的不法商人。这是不以客户的意志为转移的。

车交易是美国的大宗买卖之一，法律规定只要客户提出要求，商家就必须为客户提供专业翻译或客户可以阅读的文字合同。而事实上，很多商家都不这样做，他们教授给营销人员的最高秘诀就是

莫把壕沟当陷阱

如何想办法把汽车卖出去。懂行的朋友说，当你看过广告上的汽车价格，千万不要当真，很多汽车商会将汽车大件分解后出售，广告上的价格可能只是一辆汽车的一部分。不是那些上当掉进陷阱的消费者太笨，而是那些商人太狡猾。他们在报纸醒目处登载的广告很大，但你往往没注意到，在最不引人注目的地方会有一行或几行除非你用50倍放大镜才能看到的小字，那里才会注解一些也许只有商家才能看得明白的"陷阱说明"。

托尼是一位来自香港的精明而成功的商人，可惜他英文还差点工夫又有点自以为是。一日，托尼在报纸上看到售卖奔驰汽车的广告，本来若购买一部新的奔驰500需要13万美元，而这位汽车商却只卖9万美元，太便宜了，机不可失呀！

托尼在周末抽空赶到这家车行，看完样车后就立即决定购买。旋即，营销人员让他填表，并将印刷好的合同拿给托尼过目。合同冗繁，竟然有10页之多，商人出身的托尼粗粗浏览了一遍，对托尼提出的问题，营销人员也一一耐心回答。但是，由于托尼眼睛老花，对每页合同下方细微的如同蚂蚁般的小字看不清楚，他问营销人员这都是写的什么？回答是"你看合同中的主要说明就行了，对于这些小字的解释没有必要太仔细了……"托

体育场里的广告牌

尼哪里晓得这就是美国式的商业合同。于是，画押签字，开支票交钱，托尼荣幸地成为奔驰新主。

营销人员问："先生，您是否需要本车行将奔驰汽车送到您家中？"

托尼客气地回答："不必了，我自己开走。"

营销人员又问："你真能自己开走吗？"

托尼拉下脸不高兴了："我开了多少年车，怎么连车也开不走了？"……

托尼又等了一会儿，见还没动静，索性自己到车库探个虚实。不看还好，一看差点没背过气去：只见几个车行雇员正在七手八脚拆卸他刚买的奔驰。

防弹保安车在行动

托尼又急又火地质问说："你们怎么将汽车轮、座椅和方向盘都拆了？这汽车可是原装的，你们都大卸八块，我怎么开回家？"

营销人员这时才信誓旦旦地说："你买的汽车上不包括汽车轮、座椅、方向盘和空调音响，你要买全部就必须另外再付钱。"

托尼一听这话傻了眼了，原来花9万美元买的不是一个完整的

奔驰车，开都开不走呀！

此时此刻的陷阱，真把托尼给"陷"惨了！

美国人讲法个个都是天生的，法律多如牛毛，法庭如同集市，什么事都可以引起法律纠纷，什么人都可上法庭告状或被告上法庭。因而，各种行当中的人们都会非常谨慎小心，他们的合同也就成为这样一种模式：先列明交易物品，写清地点、人物、时间，然后就是注明消费者权利。不过，不要光看最后一条上写了你很多的权利，在美国的商业纠纷中能够决定胜负的往往就在这一点上。当你看到合同上你有很多权利，未必你就是赢家，对方就是个傻瓜。根据美国法律，在纠纷中你只能得到合同中标明权利的部分，没有标明的那些你就是非分之想。

美国合同最擅长的就是让消费者得到心灵和精神上的满足。假若消费者不仔细阅读那些用放大镜才能看清楚的说明和解释，就会后患无穷，掉入陷阱也无法求得解脱，只好自认倒霉。许多合同就在那些细小的字体中注明了一条："所有客户的权利都是有条件的，有选择的，商家可以根据情况在不通知客户的情况下自行调整并取消。"还有更"要命"的："双方均同意本合同的所有解释权归商家所有。"想想吧，如果消费者在合同上签字同意了这样的霸王条款，权益会得到什么保证？合同中对消费者再

维修电缆也
需要挖一个"陷阱"

美国式的"陷阱"无处不在，谁敢说加油站里就没有"猫腻"

有利的条件都是海市蜃楼，只能望梅止渴，买奔驰的托尼就饱尝了这样的苦果。

巴帕拉看到一个邮购公司的广告，是在推销一款钻石戒指，既大又漂亮，且便宜，广告上还专门注明图片上的戒指与原物一比一，同样的尺寸。巴帕拉不放心，又抽空专门到几个珠宝商店考察一番，结果显示：同样的钻石戒指商店要卖 6000 美元，而邮购的却只卖 2000 美元。这等好事，巴帕拉当然不愿放过，于是她很快向邮购公司订货，得到的迅速反馈是"3 天之内保证让你收到心爱的戒指"。当 UPS 公司给巴帕拉送来包裹，她高兴地打开一个又一个精美小盒，最里面的小盒更是精美之精美：五面是软缎包裹，上面是一个能打开的透明的有机玻璃罩，透过它看到里面大大的钻石戒指，巴帕拉真是心花怒放。但当她小心翼翼揭去盒盖时，差点没气得晕过去。刚才看还挺大的钻戒瞬间变小了，只有原来的 1/3 大。到底是谁在恶作剧？当巴帕拉重新盖上透明盖子，钻戒马上又变大了。当巴帕拉试着把一张报纸放到透明盖子下面看时，报纸上的字也随之变大。原来，透明首饰盒的盖子就是一枚精心制作的放大镜。巴帕拉再有心计也没有算计过商家，结果用 2000 美元买了一个在普通商店只需要 1000 美元的普通钻戒。美国商家的陷阱又"陷"进来一个"聪明"的傻瓜。

是马不是鹿

恐惧的告白

一位美国朋友说，不少人对印刷品有一种莫名其妙的敬畏，往往认为印刷好的东西就是不能改变的，或认为别人能接受的我为什么就不能接受？实际上，许多设置"陷阱"的商人全都用印刷好的合同来制约客户，让客户"情不自禁"地进入圈套。譬如，在美国的医院看病，凡是涉及手术或其他一些大的检查项目，你一定会在你最痛苦的时候，接到护士小姐递给你的厚达百页印刷好的合同让你签字。不要说是痛苦的病人，就是身体挺棒的正常人要看明白或弄懂那些故意写得非常艰涩难懂的专业术语内容少说也得几天时间。哪个病人能在他备受病魔折磨的时候去安心搞清楚合同上面具体写了什么？所以，别废话，签字就是病人惟一的选择，明明白白说一句，这就是明知是"陷阱"，也得眼睁睁地往下跳啊！

个体经营的
现代化花圃

史蒂文经商赚了一笔钱，手就开始痒痒了，说是要买个农场种蔬菜，尝尝当"菜老板"的滋味。不久，他在报上看到这样一条广告：地主退休，农场出售，地大45英亩，4房2浴独立屋，25万美元，外加生产工具，自卖，捐免。这"捐免"的意思就是不让经纪人掺和，按惯例，如果请了经纪人，他便要在交易中拿走6%的佣金。史蒂文觉得这桩买卖很便宜，电话一打，约定时间，就带着太太去实地考察。到农场一看，果然条件不错，有水井，有塑料大棚，各种农具一应俱全，还挺新的，独立住房也布局合理，装潢的颇有特色。更重要的是，农场主有一条现成的销售"渠道"，说是连农场一块转让给"新农场主"。即便如此，史蒂文还是留了一个心眼，他明白，开办生意应该到当地政府去了解一下情况，并要知道左邻右舍的看法，查清有没有什么纠纷和其他债务问题。

史蒂文去当地政府一了解，这农场没什么问题。倒是周围的邻居向他透露了个意想不到的喜讯：这土地下面有石油，有家大石油公司要开采这里的石油，已与当地居民谈判多年要购买这里的土地，大家也已达成共识，要与石油公司"叫板"，争取高价售出。史蒂文听在耳里，喜上心头，在与农场主谈判时就随便问了一句："你知道不知道有人要收购这块土地？"农场主淡淡地回答："这消息都传了十几年了，要等发这个财，恐怕都要等到我孙子辈了……"史蒂文一看农场主满不在乎这件事情，心中更加暗喜，进一步坚定了把农场买到手的决心。

好事多磨，经过一个多星期的讨价还价，反复磋商，双方最终

天幕下也许
就设有陷阱

决定以23万美元成交，农场主另将一部八成新的客货两用车赠送给史蒂文。史蒂文为保险起见，提出还是请个经纪人来完成交易，农场主一听就把脸沉下来了："我就是因为不想让那些掮客骗钱才自己张罗着卖，我卖这么便宜，根本无钱可赚，你再找个经纪人，还要拿走几千美元，我不是更亏了吗？你若非要坚持找经纪人，我就不卖了。反正你也熟悉了农场的一切，你要买就买，不买拉倒，还有好几个客户惦记着要买呢！要不是我想颐养天年，退休养老，我才不卖呢！"

史蒂文总想着农场地下的石油，生怕农场主变卦，觉得自己去办手续也不会出什么问题，万一出了问题也"跑了和尚跑不了庙"，于是也就不再坚持要找经纪人了。交易过户的手续办理得非常顺利，办理当中史蒂文提出办理产权保险，结果又被农场主找了个理由搪塞过去，史蒂文为了省点小钱也没太在意。一个多月后，全部手续办理完毕，史蒂文成了名副其实的新农场主。

真是新主人，新气象，老农场，获新生。经营半年之后，每月就有了净利润10 000多美元的收益。史蒂文点着票子笑弯了眉，庆幸自己当初购买这个农场的"英明决策"。

警惕啊！善良的人们

次年春天，石油公司有了"动静"，与当地居民关于收购土地的谈判也有了喜人的结果，即每个住户补偿75万美元用于搬迁和购买新房子的费用，每位居民补偿25万美元，每英亩土地以12万美元的价格收购。史蒂文听到这个消息后又蹦又跳，手舞足蹈，心想，自己的投资真是高瞻远瞩，23万美元竟然可以在短短的不到一年时间里魔术般变成数百万美元，真是天助我也！再想想那原来的农场主，真是急功近利，目光短浅，可笑又可怜！

不久，史蒂文看到周围的邻居都拿到了钱，并陆续开始搬迁，可石油公司就是不找自己，史蒂文那个急火攻心呀！感到莫大的疑惑。终于有一天，史蒂文亲自去石油公司讨个"说法"，不问不知道，一问把史蒂文气得背过气去了！原来，农场主在出售农场之前早已经将地下的资源卖给了石油公司，接着，他在农场土地出售给史蒂文时耍了一个花招，在合同中用很小的字特别注明了他出售给史蒂文的农场只是土地表层，地下资源的所有权完全归他所有，而史蒂文仅仅拥有土地表层以下一英尺的所有权。更形象地说，如果史蒂文种植的蔬菜生长的根部钻入地表一英尺以下，那超出部分的所有权就得归原来的农场主所有。

史蒂文为此大病一场，刚好一点，就要请律师打官司，控告原来的农场主恶意欺诈。然而，不止一个律师告诉史蒂文："打赢这场官司的前途非常渺茫，概率非常小……"

此时此刻的陷阱，是又一个地地道道的"美国陷阱"。

26

怀旧风从这里刮过

怀旧不需要
太多的编织

这些物品是
北美洲移民历史
的最好见证

美国人也怀旧？

有一种讲法说美国人没有文化，没有文化是因为没有历史。没有历史怎么怀旧？

美国人承认他们国家历史短暂，正因为历史短暂，才更容易怀旧，更引发怀旧。

在中国"文化大革命"时期，明代的长城被扒，砖头拉回家里垒猪圈，好像这是天经地义的事儿，废物利用！而在美国发生类似事情，必定被控有罪要受到制裁不可。不夸张地说，200多年前稍为有点特色和价值的东西，美国人都把它们当成文物妥善保护，对它们进行"怀旧"。

在美国，我曾参观过一个维多利亚女王时代的"古老"村庄，现在成为美国人以及外国游客怀旧的最好去处。村庄里的碎石路、大风车、羊栏、牛圈、铁匠铺、磨坊、面包房、咖啡馆以及学堂、邮局、照相馆，林林总总，五花八门，一切都保持着18世纪英国乡村的原貌。打扮成村姑的解说员身着全套英国古装，甚至还坐在狭长的百叶窗下针缠线绕绣着花边。面包房里炉火正旺，瞧得见炉膛里烧红了的大石头，刚刚出炉的面包香气逼人，真正是秀色可餐。酒窖里木制大桶有序排列着，醇香的美酒惹人不饮自醉。这样的乡村在北美洲已成"古迹"，然而它却是北美洲移民历史的最好见证。美国仅仅用几百年时间，便一口气跨越几个世纪，由一个默默无闻的古老村庄一步迈进被世人瞩目的曼哈顿。当人们在此"怀旧"，衍生出的感慨可想而知。

怀旧风从这里刮过。

走访殖民古城威廉堡之前，曾读到过一段有关它的文字：如果你想越过时间的藩篱了解早期的美国史，如果你想寻找史实与梦幻相互渗透的三维空间，如果你想知道个人的首创精神如何能唤起社会的集体呼应，如果你想了解极精明的生意如何与极高雅的艺术情趣相吻合，让我们去威廉堡，在它的怀抱，即使走马观花，也能寻觅到答案。

其实，1607年首批英国移民到达弗吉尼亚州的一个小岛时，这里不叫威廉堡(Williamsburg)，这是1690年才改的名。英国在北美的殖民统治起源于此，威廉堡当之无愧是英国殖民统治自始至终的见证人。当年，本地一位有头脑有眼光的牧师曾表白："我确信从历史角度看，威廉堡将为美国提供最伟大的教育机会。"1927年7月，美国著名富豪老洛克菲勒的儿子小洛克菲勒，甩出7500万美元的重金，授权那位牧师"组阁"展开行动，修复一个完整的威廉堡城。他一言九鼎，定出的修复工程原则如下：凡是体现历史传统的建筑一律原地保存，不得移动；不允许因为资金或技术因素擅自移动历史建筑；强调用传统的手法保存而非用现代的技术复原；建筑材料必须体现那个时代的特点。你看，小洛克菲勒是多么怀旧！他的箴言只有6个字："我们信守原样"。后来他还对友人这样说："没有步行走过威廉堡，就无法评价威廉堡；一个栅栏，一个烟囱，每换一个角度，就呈现另一番景象，我觉得自己属于威廉堡。"如今，威廉堡这个"怀旧的地方"，每年接待游客达300万人，

美国西部小镇上的老房子

当传统遭遇现代

年收入近6.4亿美元，创造了近万个直接与间接就业岗位，可谓闻名遐迩，金喷银涌!有人评论："殖民时代的威廉堡"本身就是极成功的实业，但它最大的功绩还在于向世人提供了一个独一无二的历史教育机会。一位普通的美国公民参观后在留言簿上写道："在我所见过的所有景观中，在我所读过的所有书籍中，在我所听过的所有演讲中，没有一件能比威廉堡更使我感到美国的伟大……"

怀旧风从这里刮过。

美国历史上，盖迪斯堡战役几乎家喻户晓，它是美国南北战争的转折点。在25平方英里的地域，3天的时间，交战双方共伤亡5.1万人，相当于美国越战10年的伤亡总和。而那时，美国的总人口才3000万，换算一下，每600个居民中就有1人伤亡，这是一场多么残酷的战争!但是，就是这样的地方，美国人也一样"怀旧"，南军的统帅李将军，虽然是盖迪斯堡战役的败将，但作为美国历史上最富于想像力的战略家，他同时赢得了南北双方的敬意。

当戴着圆顶军帽的导游引导我进入盖迪斯堡国家军事公园逡巡，我看到漫山遍野星散着纪念碑，墓园卧于一片片草地之中，上面立有一块块的墓石，并插有一面面小小的星条旗。据说，当战役刚刚结束两个月，有人就建议成立了"盖迪斯堡战场纪念协会"，开始筹款、购物、修路、建碑，为后来的"盖迪斯堡国家军事公园"建立了雏形。由于北军是胜方，所以北方各州很早就在这里建立了纪念碑。南军为败方，因而南方各州直到1917年才获准建碑。最大的纪念碑为宾夕法尼亚州所立，因为不仅战场在该州，且参战人数也是该州最多，达到3.5万人。特别值得一提的是，有一座铜铸雕像是为纪念一对亲兄弟，他俩分属于南北两个阵营，相见于生死对立的战场。林肯总统在这里发表了著名的盖迪斯堡演讲，通篇只有272个字，达到多一字谓之滥，少一字谓之缺的境界，许多美国人对此倒背如流，它的结尾是："牺牲不会徒然无功，民有民治民享的政府将永存于世。"

19世纪西部开拓者留下的遗迹

怀旧人家的怀旧物品

怀旧风从这里刮过。

当然，美国人还有"另类怀旧"。

当"猫王"普莱斯利去世25周年之际，尽管美国南部孟菲斯市格莱斯兰区上空骄阳似火，但从四面八方赶来参加活动的20 000

多人仍将"猫王"故居围得水泄不通，鲜花环绕。置身人群当中，连呼吸都感觉困难，歌迷们却流连忘返，其如痴如醉的劲儿可敌当头烈日。"猫王"故居的工作人员告诉我："25年了，年年如此；25年了，岁岁相同。"光阴荏苒，岁月流逝，美国人对"猫王"的怀念与日俱增，对"猫王"的痴迷有增无减。据我的了解，25年来，有关"猫王"的各类书籍出版了760多种；关于"猫王"的国际学术研讨会召开了4届；许多高等学府开设了专门研究"猫王"的课程；众多的公司、学校、教堂、商品以"猫王"的名字命名；由"猫王迷"成立的"猫王俱乐部"已达到600多个；在网上，为"猫王"讴歌的新网页每天都在诞生……至于"猫王"的作品，那更是百出不旧，百听不厌，百唱不烦。"猫王"的地位，好像不少美国的总统也赶不上，乖乖地甘拜下风。

在美国，能与"猫王"并驾齐驱、平分秋色、同被"怀旧"的，恐怕就只有好莱坞影星玛丽莲·梦露了。虽然她的死至今还是一个偌大的谜团，虽然她葬身的陵墓只有一个简单的铜牌："玛丽莲·梦露，1926—1962。"但这些都不妨碍美国人对她的追思。在美国人心目中，她的形象经久不灭，她的笑容永远可掬。站在贝佛里山庄，她任春风扬起超短的衣裙；手握一束带露珠的鲜花，她为肯尼迪总统独唱Happy birthday to you。千种风情再加上万种传言，辞世40年不算短暂，但她始终都是一个鲜活的话题。据统计，关于玛丽莲·梦露的书籍与画册，光是美国就出版了近780种，还有《梦露写真集锦》、《梦露大事年表》、《梦露百科全书》等等，不一而足，应有尽有。

和不少访美的人们一样，我对这么多美国人狂热的缅怀、真诚的思恋"猫王"与梦露感到不解：美国人为什么对他俩如此怀旧？有人说，我们可以给美国人贴许许多多标签，但似乎很难把对演艺人士的"怀旧"同美国人的形象紧密联系起来。然而，美国人对于"猫王"与梦露的怀旧情结就是这样热烈而缠绵、执著而坚决，那么这到底是什么原因呢？

怀旧风从这里刮过……

原野上停泊的老车

"丹麦村"里，"马的"成了游客最时髦的坐骑

27

在美国感受美国标记

车轮滚滚，磨不掉的是那一个个鲜活的美国标记

世界第一家肯德基店诞生在美国犹他州

　　没来美国之前，到底接触过多少印有美国标记的东西，我自己也说不清楚。

　　美国标记，我最早是在老画报、老电影中看到的：那些炮弹箱、坦克、大炮、军用吉普车等，都打印着"U·S·A"的标记。在我的记忆中，美国标记上总是笼罩着一层阴影，总是与血与火相关联。

　　到了20世纪80年代初，打有美国标记的"cocacola"流水线走改革开放之门堂而皇之在中国落户，中国人叫它"可口可乐"，还有人说它是"世界上最大的水世界，大过了太平洋"。这话是有些太夸张了，但是这个冒着小小气泡、有着酱油般颜色的"污水"，"流"遍了整个世界市场却是不争的事实。

走进美国，许多美国人表面的谦逊实在掩饰不住骨子里透出的高傲：谁说美国没有文化？推崇竞争，鼓励创造，这就是美国文化的核心和精髓！

说"美国没文化"如果是指它的历史较短，没有欧亚那么多的古迹和遗产，也许还说得过去。倘若仅此就真的认定"美国没文化"，那就有点偏颇了。

不讲别的，单说美国的"商标文化"，就在当今世界上占有不容忽视的重要地位。在美国人看来，不管什么东西，无论什么商品，只要贴上有名的标签，就具有无尽的商业价值。有了商业价值就有了利润价值，美元便随之如潮水般涌来。这些年来，美国为世界留下了太多的标记，这些标记的生存方式，无外乎就是物竞天择，优胜劣汰，适者生存。标记来之不易，扬名更不容易，令人难以忘怀。当我在美国感受美国标记，那便是别有一番滋味涌上心头，毕竟，这是"近距离"观察嘛！

大华商场老板语录：名牌的东西就好卖

"明星"最早是由美国"制造"出来的：

1909年，环球影业公司打破了影片中演员不具名的惯例，突然卖劲地宣传一位名叫劳伦斯的女演员，继而培育出世界第一批"追星族"。明星应运而生，商业炒作初露端倪，明星的包装从娱乐业到服装业，从艺术宫殿到政治舞台，为商业机器提供了高速赚钱的原动力，即便是一个所谓的"垃圾人物"，只要成为"明星"，就能为自己带来滚滚财源，一"炮"打红，享受终身。

性感是棵"摇钱树"：

玛丽莲·梦露神秘死亡已有40多年，但她的盛名历久不衰，凭着一张张裸体玉照，她的名字与形象仿佛就是美元印刷厂。而她短暂的生命也成为好莱坞"性欲"、"物欲"、"名欲"、"财欲"的象征与牺牲品！美国人在性感问题上绞尽脑汁，不择手段，花样百出，持之以恒，性感女星、性感美女披上商业的包装，一往无前，所向披靡，夺关斩隘，百战百胜。

迪斯尼靠米老鼠蹿红：

《蒸汽船威利》的问世，使该片主角米老鼠成为全球明星；迪斯尼乐园商业运营之后，又是靠米老鼠迅速蹿红。迪斯尼用卡通思维研读世界，用卡通魅力扭曲幻想中的财富大厦，它的最大成功是将现实与幻想分割，它是割舍一切社会弊端的"桃花源"与"乌托邦"，同时用它们的亮丽外壳包裹一个欲望生意的核心。

"伟哥"魅力无比：

美国辉瑞制药公司的发言人在推介"伟哥"时说：没有吃"伟哥"的男人生活在希望中；吃了"伟哥"的男人希望生活。1998年，一种原本被用来治疗心脏病的蓝色小药片被偶然发现可以改善男子性功能障碍，霎时，"做男人'挺'好"这个百年来讳言的话题第一次在世界范围得到广泛关注，人类性观念的革命终于历史性发生，风靡"伟哥"的时代终于宣告到来。

道·琼斯与纳斯达克风暴：

平均工业指数于1897年在美国出现，这个由华尔街一位金融记者最初编制的指数，当初是由12支股票构成。到了1928年，工业指数扩大到30家，并在此后形成定例。道·琼斯指数乃系第一个人为创造、记录经济活动的"温度计"，从此，经济利益争夺的主要方式不再是铁血战争，而是报价机上不断滚动出的阿拉伯数字，并由此引发了"纳斯达克风暴"。

便捷的信用卡：

1950年，美国纽约银行家麦克纳马拉突发奇想，组织成立了一个"就餐者俱乐部"，凡是加入者凭其携带的一种"麦氏"就餐记账卡就可以在餐馆记账就餐消费，而不必付现金。这就是最早的信用卡。信用卡改变了传统的付账方式，将携带巨款的危险化解在一张小小的卡中。

远近高低各不同

俯首甘为股市牛

摩天大厦比肩称雄：

20世纪30年代，高达373.5米，共有86层的纽约帝国大厦拔地而起，巍然矗立，它成为世界的最高建筑和世人最关注的焦点。此后，它一直引领着全球的财富与创富方向，比肩称雄的摩天大厦覆盖了多少都市的天空，激发了多少淘金者的梦想。

"闪电"耐克：

耐克的"闪电对勾"标记在世界品牌之林里多么简洁，但这种"简洁"给消费者留下的印记却是那样的不可磨灭！耐克老板自己不生产，只凭把"闪电"转让给别的生产商使用便带来滚滚财源，这种营销与经营理念，算不算"尖商绝招"？

"M"麦当劳：

美国人克雷克从1955年在伊利诺州普兰开设第一家麦当劳至今，全世界已有2.5万个"M"高高挂起，麦当劳成为全球最大的餐饮集团，坐拥数十亿美元资产的国际性公司。"M"的辉煌还在于：开设它的国家和地区远远超过了联合国的席位。

牛仔裤——牛仔"酷"：

牛仔裤原本是蓝领的劳动装，后迎合潮流，几经变迁，跻身时装界，变幻新款式，成了风靡全球的"休闲服"，尤其受到年轻人的喜爱。现今，如果

金钱买不来的招牌

巨型货车上的"美国标记"

哪个家庭的衣柜里找不出一两条牛仔裤,那岂非咄咄怪事?牛仔裤在"酷"的后面,是品牌所创造的无穷财富。

西部牛仔"抽"红"万宝路":

西部牛仔跃马扬鞭,一往无前,是什么"法宝"带在身边?哦,是烟味浓烈的"万宝路"香烟!美国人说,引起人们对"万宝路"有好感并非它与别的牌子的香烟在味道上的强烈差异,而是"万宝路"的广告形象给人们带来一种视觉上的亲近感。到20世纪60年代,它跃升全美烟草业亚军,70年代再夺冠军,荣膺世界最著名烟草品牌。应当说,"万宝路"的形象魅力是有史以来最成功的商业策划之一,在这里,西部牛仔功不可没。

好莱坞的卖点:

好莱坞影城1914年1月在加州开张,到今日其影片如同狂风般席卷全球,好莱坞征服全球的一大卖点靠的就是明星的"品牌效应"和"营销大于影片"的理念。其"营销三部曲"以媒体曝光、广告创意、公关活动为重要内容,最终创造出天文数字般的经济效益。

GE——全球最尊贵的标签:

据称,当年构成道·琼斯指数的30支股份中,目前硕果仅存的只有通用电气(GE)一家,它能"活"下来的秘诀被广泛关注。可以说,总部设在康涅狄格州有着111年历史的通用电气是世界最大的托拉斯企业,经营动力设备、飞机引擎、家用电器等产品制造和企业融资、广播事业等业务,市值5172亿美元,年收入高达1120亿美元,近35万名"GE人"分布在全球100多个国家,用最尊贵的标签赢来最金贵的财富。

目睹美国的精彩与无奈

"福特"流水生产线的诞生:

1913年10月,美国福特汽车公司首创汽车生产流水线,以往的"作坊式"生产方式被彻底摒弃,汽车价格随即从遥不可及骤降为"谁都能买起一辆车",汽车的扩张推进了公路的扩张,使城乡距离拉近,为城市现代化历史掀开新的篇章。

传媒"大哥大":

1980年,特纳创办有线电视新闻网CNN,一天进行24小时不间断新闻实况直播。无论是1991年的海湾战争,还是2001年的反恐战争,其"即时播报法"开创了新闻报道的崭新纪元。CNN所具有的全新思维与运作方式,使其他传媒相形见绌,难以匹敌。

告别电影的聋哑时代:

1910年8月27日,美国俄亥俄州人、大发明家爱迪生向世人展示了他的最新发明——有声电影,遂使人类历史上图像革命进入

"成年期"，彻底告别了电影的聋哑时代，有声电影是 20 世纪最伟大的发明之一，它带来的财富无法用数字计算。

电视登场：

1926 年，美国全国广播公司宣告成立，13 年后，该公司把声音中加进图像让电视闪亮登场，昂首走向世界。这种用电子方法实现的活动图像及其伴音的传输和重现技术，改变了人类的触觉观念，完成了从接受文字到接受图像的历史性转变。从此，传媒掀起了新一轮的掘金狂潮。

硅谷效应：

撩开硅谷神秘的面纱，有人说它是高科技领域里的"拉斯维加斯"，幸运与倒霉同在。这块平凡的土地成为"淘金黑洞"，强烈地吸引了全球科技精英蜂拥跟进，"水漫金山"，这大概也是硅谷之父特曼和惠普当初所难以预料到的事情。硅谷百业中兴，财富新贵林立，被公认为是新经济时代最具时代特质的价值场所所在。高科技就是更强大的生产力，发财有理，财富无罪——这就是硅谷让全球足堪效法并产生巨大效应的精神实质。

绿卡梦：

美国是一个典型的移民国家，从 1787 年联邦政府建立至今，美国的移民政策伴随美国历史的发展而变化，移居美国的人口几乎一直没有间断过。如果更确切地说，美国还是全球偷渡大军向往的天堂乐园。当美国需要大量人才和劳动力的时候，还会以不同名义和不同方式向外国招手。所以，美国最后发明了既可排外，又令人向往的"绿卡制度"。实际情况是，美国利用很多人对绿卡的热中向往程度，刻意在移民方面设置难度极高的关卡，以显示美国是世界首选的第一移民国地位。

几何之美

同时，美国利用移民关卡引进高科技人才，以利经贸与科技的高速发展。可以说，绿卡是 20 世纪最矛盾的标志性产物，无论绿卡梦"做"的怎样，寻梦人找到的只是一个不再织梦的活生生的自己，一个一切都要从零开始拼搏的新起点。

美国是很精彩，美国也很无奈。但对于诸多的美国标记，美国人颇以为自豪："美国的经验是未来的关键。美国将是国际社会中的老大。"在美国感受美国标记，我想到，不管什么标记，只要这个标记促进了人类文明的进程，那么它就是一个伟大的标记，一个无愧于时代的标记，一个在人类历史的进程中打下永不磨灭的印记的标记。

28

美国人的幽默

轮胎与汽车
的幽默

幽默渗透了
美国人生活的方方
面面

　　有人说美国是个充满幽默的国家，这话不假。很多美国人往往
都显得诙谐机智，总爱幽你一默，让你捧腹大笑，而他在那里跟什
么事情都没有发生过一样。

　　杨百翰大学的一位汉学家对我谈起他当年之所以投了克林顿一
票，就与克林顿的幽默有关。克林顿的萨克斯管吹得好，就是当年
到中国访问也不忘露一手。一次他在 CNN 发表竞选演说，节目主
持人调侃他道："你除了会吹牛之外，还会吹什么？"克林顿听罢，
胸有成竹拿出藏在身后的萨克斯管回答："还会吹这个。"旋即，克
林顿拿出了看家本领，一气吹了好几首名曲，一下子拉近了与选民
的距离，颇得选民好感。汉学家说他当时就是这"拨"选民中的一

个,克林顿的幽默给他留下了深刻印象。他认为美国的总统必须懂得用智慧和幽默来化解形形色色尴尬的场面,于是他把他的选票投给了克林顿。实际上,每四年一次的总统选举是美国最为热闹的事情之一,美国人把它当"戏"来看。这期间,每个竞选总统的人都会被媒体"修理"一番,因此候选人在竞选期间要特别有甘于被调侃的雅量,时不时玩一把幽默,以讨好选民,这样做受民众支持的百分点会马上提高,选票就会多一些。幽默竟然能与总统选举的选票"瓜葛"在一起,这在一般的国家是难以想象的。克林顿果然不负众望,上台后幽默与绯闻不断,在他离任的白宫晚宴中,播出的就是他自导自演的幽默片《数馒头的日子》。常拿克林顿搞笑的电

洋溢在脸上的真善美

视脱口秀主持人尼诺坦言:"你要走人了,没有人比我更难过。全靠你,我才买得起华屋豪车!"尼诺担心继任的总统不像克林顿可以喂他各式各样的插科打诨的素材。

当我访美的时候,尼诺已不用太担心了。现任总统小布什,自知没有多少幽默细胞,但身为幽默大国的总统不会幽默怎么能行?所以他格外努力,不知是请了家庭教师,还是上了什么不脱产的幽默速成班,反正现在他的幽你一默的技艺大有长进,美国人说值得表扬,以资鼓励!美国传媒批评小布什把政务大都推给了副总统切尼(譬如"9·11"事件发生后的特定时间,小布什不知藏在了哪里,只有切尼在传媒上露脸),以致使切尼劳累过度,心脏病几次发作。对此,小布什却自嘲地说:"有人说,我所有重要决定都让切尼来做。"言罢,颇狡黠地把头扭向切尼问道:"亲爱的切尼先生,下面我该怎么说?"引得听众哄堂大笑。小布什不动声色地又说:"我刚刚完成了人类基因图谱,我的奋斗目标是克隆另一个切尼,那时,我便不用做任何事情了……"美国人说,三日不见,刮目相看,小布什总统进步得真够可以!小布什访华时在清华大学的演讲,也显示出他"随机应变"的幽默功底在不断进步。他当时是由中国国家副主席,也是清华校友的胡锦涛陪同来访。他在演说词中有这样一段话:"我知道这个地方对你们的副主席是多么有意义。他不仅在这里拿到学位,而且更重要的是,他是在这里与他和蔼可亲的妻子相识的。"(笑

声）小布什面对清华大学年轻的学子演讲，因此，他还讲了这样几句话："我有幸在1975年访问中国——那时在座的有些人还没有出世。这表明我多么老了。"（笑声）

美国人大凡开会或演说之前，总是会先讲一点笑话，幽默一把，活跃活跃气氛。不少美国总统在美国人心目中竖起威望，与他们充满幽默机智的口才不无关系。想当年，林肯其貌不扬，一次，一参议员斥责他是"两面派"。林肯沉着应对："请诸位评评理，如果我还有另外一副什么面孔的话，我还会戴着这副难看的面孔来见大家吗？"林肯用一句小幽默为自己摆脱了尴尬。20世纪80年代某天，卡特乘专机前往旱情严重的达拉斯灾区视察，抵达时，下了十几分钟的急雨，卡特便笑吟吟地对旱区农民说："这下好了，你们既需要钱又需要雨，我弄不来钱，只好带来了雨。"这幽默的话语一下子拉近了灾民与总统之间的距离，产生了无比的亲和力。那一年，杜威与杜鲁门竞选美国总统，民意测验一直表明杜威有绝对取胜的把握和优势。选举揭晓的前一天晚上，杜威踌躇满志地对夫人说："你就要跟美国总统同床共眠了，感觉怎样？"夫人说："非常荣幸，我都有

恰同学少年
风华正茂

点迫不及待了！"而次日凌晨公布的结果爆了冷门，杜鲁门反败为胜，荣任总统。早餐桌上，杜威夫妇看到了报纸上的头条新闻，夫人瞟了丈夫一眼之后问道："怎么样，我现在是上华盛顿去呢，还是让杜鲁门到我这儿来？"杜威不禁尴尬一笑。竞选失败本是一件让人痛苦的事儿，夫人幽他一默，让杜威走出失败的阴影，重新获得洒脱和快乐。

美国的许多名人，也都与幽默有缘。巴顿将军为了彰显他对部属生活的关心，搞过一次参观士兵食堂的突然袭击。进入食堂后，他看见两个士兵站在一个大汤锅前。"让我尝尝这汤。"他命令道。"可是，将军……""没什么'可是''不可是'，快给我汤勺！"巴顿拿过汤勺喝了一口之后，大声怒斥道："太不像话了，怎么能给士兵喝这个？这简直就是涮锅水！"士兵立刻立正："报告将军，我正想告诉您这是涮锅水，没想到您已经尝出来了。"富兰克林做一个实

雕塑也能幽
你一默

验：电死一只火鸡。不料接好电源后，电源竟从自己的身体通过，当下被击昏过去，当他醒来后，万分庆幸地说："好家伙，我本想弄死一只火鸡，结果却差点电死一个傻瓜。"

总统和名人如此幽默，人民更是毫不逊色。

有一天，爱达荷州一乡村小学里，老师正问吉米："5减5等于几?"吉米抓耳挠腮答不上来。老师生气了："真笨!如果我给你口袋里装进5个硬币，你口袋上有个窟窿，硬币全从这儿漏掉了，那么，你口袋里还剩下什么?""还剩下窟窿。"吉米答道。其实，吉米事后说，他能回答出这道题，主要是刚看了一个幽默小故事，他要"活学活用"练习一下。好在美国的学校没有什么"师道尊严"，经常就从课堂传出一阵阵的哄笑声。连大学教授在庄严的讲坛上都这样逗着学生："One Problem，One gen."大意是："好好想个问题，给你一块糖吃。"我的美国朋友到医院看病，也玩一把幽默："大夫，我半聋了。"大夫说："这不可能，要么就是聋了，要么就是没聋。"朋友坚持己见："真的!我真的半聋了。"大夫直摇头："那先测试一下吧，你到墙角站好，现在开始复述我的话：44。"我的朋友马上便接住话茬："22!"

幽默可以说渗透到了美国人生活的方方面面，不能想象没有了幽默之后的美国该是什么样子。

打开《纽约时报》《华盛顿邮报》等任何一份报纸的幽默专栏，

真与假

父与子上演的生活小品

无论是总统抑或平民，谁都敢"漫"他一"画"，"幽"他一"默"，这大概也是美国式民主的一个侧影。至于电台、电视台"开心一刻"的搞笑节目，更是名目繁多，数不胜数，只要能吸引听众观众就行，这样就能保有高收听率、高收视率，广告客户就会带着源源不断的美金不请自来。幽默书籍、幽默讲座、幽默学习班如雨后春笋般涌现，大受欢迎。甚至连"幽默学"也登堂入室，开始培养它的高学位博士硕士了。

细细琢磨品味起来，美国人的幽默与美国是民族的熔炉以及人的性格和文化背景等颇有关系。

在动物园里，你听到的是这样的对话——

管理员："不必害怕，这老虎非常驯服，它是用奶瓶喂大的。"

游客："我也是奶瓶喂大的，但我特别喜欢吃肉。"

在豪华饭店门口，你还能听到这样的问答——

夫人朋友："你的宴会为什么不邀请温蒂参加？"

夫人："我丈夫不喜欢她。"

夫人朋友："那么为什么也没有邀请索菲娅？"

夫人："哎，因为我丈夫很喜欢她。"

在餐馆，你能看到这样的情景——

两位律师要了两杯饮料，然后从公文包里拿出自带的三明治准备开吃。侍应生告曰："对不起，本餐馆拒绝吃自带食品。"两位律师对视一下，耸耸肩，交换了三明治后正式开吃。

在繁华热闹的街头，常常会有如下的夫妻对白——

太太："你这个人太不正经，每次遇见漂亮女人，总是百分之百的回头，你忘记自己已经结了婚了？"

丈夫："不，恰恰相反！我每次遇见漂亮女人，心里最耿耿于怀的就是我已经结了婚。"

更有甚者，连犯人重罪在身也不忘幽默——

法官："好大的贼胆，你竟敢在光天化日之下闯进民宅大肆行窃！"

被告："法官先生，你上次审判我时，也是这么说的，称我竟敢在深更半夜潜入民宅偷盗。那么请问法官先生，那我在什么时候工作最合适呢？"

一人犯了死罪，请求法官给以减刑宽恕。

法官："你犯了死罪，按法律办事，我怎么能宽恕你呢？如果要说'宽恕'，你可以选择一种死法。"

罪犯："好的，非常感谢，那么就让我老死吧！"

总之，仿佛哪儿都有幽默这个"幽灵"在游荡——

报纸巧借幽默"原料"制作新闻标题："正常男人迎娶长方形

钢铁亦幽默

女人"，谁乍一看，都会大吃一惊！仔细阅读之后，不免会意地大笑起来。原来，是伊利诺州有个"正常镇"，那里的男人娶了"长方镇"的女人为妻，报纸便趁机幽默一把。旧金山隆胸丰臀的美容院门前竖立着赫赫标牌："只要你敢进来，没有什么'大'不了的。"据说有一回，芝加哥发生了一起抢劫案，两歹徒各戴一个面具，一个是时任总统，一个是时任国务卿，瞧瞧，歹徒们真是够逗乐的，作案都没有忘记玩一把幽默。

　　幽默需要机智、敏捷、思维灵巧、反应快速，口才也要能够跟得上，它给人快乐，自己也快乐，真是个来之不易又来之极易的好东西。难怪乎在美国幽默感往往成了一个人特别是一个官员是否具有魅力的衡量标准之一。在这样一方幽默的沃土上，诞生了幽默大师马克·吐温，涌现出不朽之作《竞选州长》、《镀金时代》，风靡"无重大主题"的卓别林系列电影，就丝毫不足为怪了。

媲美

CAUTION
DO NOT
CLIMB ON
TIRE OR BASE

这群人里有
多少幽默细胞

29

美利坚义工

鸟儿驿站

义工护送小
学生过马路

在美国,金钱拜物教也许是比任何一种宗教都更为现实的精神力量,没有钱寸步难行,没有钱是万万不行的!但是,只要深入了解社会,就会发现这个社会仍然存在一种比金钱更珍贵的东西在维系着人际关系,抗拒着拜金主义的过分侵袭,保证着社会正常运转。

一位美国社会学家曾经对我说,如果没有志愿者义工(Volunteer),美国社会将不可想象!

不错,美国人"时间就是金钱",人人在为挣钱而忙碌和拼命。但这些人当中不乏心甘情愿不要一分钱当义工为他人和社会服务的人们。几年前,美国平均有一半的成年人和一半以上的学生充当义工,平均每周工作时间分别为4小时和3小时左右。

如果把他们的义务贡献累计在一起，就等于增加了1100万带薪雇员的工作，这是一个相当了不起的"爱的奉献"!现在，美国有大型义工团体近百个，参加人数接近1亿。有关机构对全美101所大学调查的结果显示，有3/4的大学生做过义工，他们表示："能做义工，是我的荣耀；能为别人帮忙，是我的乐趣。"

当我在美国旅行，无论在东海岸还是在西海岸，无论在城市还是在乡村，无论在机场、码头、酒店、超市，还是在高速公路和一切公共场所，总能听到这样热情和亲切的问语："我能帮你的忙吗?""我能为你做点什么事情吗?"当我第一次在纽约肯尼迪机场转机时，由于这个机场太大，我根本找不到登机的候机楼和登机口。正当我急得团团转的时候，走来两位年轻的大学生义工，主动迎上来为我提供帮助。在义工的引导下，我才明白我必须乘机场内的免费巴士方能抵达指定登机的地方。尽管已是午夜，他俩坚持帮我推着行李出来等候巴士，一直把我送到目的地。我实在过意不去，抽出两张10元的美金给他们当小费，但他俩说啥都不肯要，快速打出手势"拜拜"，便消失在人流之中。他们的义工服务将要持续到明天早上，这一夜，他俩将要为多少来自五大洲的旅客排忧解难呀?!

车刚抛锚，"活雷锋"就赶来帮忙

在前往科罗拉多大峡谷途中，我们的轿车因为机械故障在路上抛了锚。刚停在路边，就不断有过往的车辆自动停下来，驾车的主人不分男女，不论肤色，都是那么热情地施以援手，我数了一下，前后足有十来个人。但由于毛病出的不小，条件有限，难以排除故障。恰好在此时，一辆由小镇车行老板充当义工的巡回修理车从这里路过，这位老板立即停车，捋起衣袖便检修起来。他很快便检查完毕并拆下坏的零件，在他的材料箱里找出新的更换上。我们要多付他修理费，他坚决不收，只收了材料费。一聊，才得知他每半个月就要开"万能修理车"出来义务巡回一次。遇到抛锚的车便主动帮助修理，只收材料费，修理费分文不取。问到他为什么要这样做?他告诉我他是一个虔诚的摩门教徒，不管在什么情况下都要拿出自己收入的1/10去做善事和义工，他说：我信奉耶稣基督，他让我对人间充满博爱。那是一种永恒的爱，必须坚持不懈。因此所有的人对我都是一样的，我以完全的爱来爱所有的人。瞧，义工和"基督文化""扯"上了，让人到处感觉到它的存在和它的力量。

实际上，美国绝大多数人都信奉上帝，君不见经美国国会正式批准的美国箴言就是"我们相信上帝"6个字嘛!美国人认为上帝是博爱的，人们是平等的，没有哪个人愿意贫穷，希望贫穷。当你为饥饿者提供食品时，你切不可把自己当成施主，那只是你在用博爱精神帮助人，你不要询问饥饿者为什么缺乏食物，以免伤害受益者的尊严。你当义工帮助有困难的人并不是要哗众取宠，取悦他人，而是按上帝的旨意办事，让上帝高兴。假如你违背了上帝意志做了错事干了坏事，就一定要醒悟，尽快用行动赎罪。因而美国在执行处罚决定时也常常有做义工这一项，上至总统家庭，下到黎民百姓，都不能例外。在我访美时，赶上了总统小布什的一对千金在德州奥斯汀的一家餐馆违法饮酒，该州法律明文规定21岁以下人士不得饮酒，所以总统女儿犯法与庶民同罪。在接受罚款、没收驾照的处置后，芭芭拉还要接受总计12个小时的社区义工服务和饮酒安全教育；詹妮则要接受总计40个小时的社区义工服务和饮酒安全教育。此事曝光后，传媒炒作得很厉害。但当人们看到总统的一对千金用行动"赎罪"去社区做义工时，又打心眼里感到了欣慰。

为他人和社会提供微笑服务的中学生义工自愿不要任何报酬

美国人常说：如果基督教仅仅意味着道德，那么苏格拉底就是耶稣基督了。做义工一定要争取是不讲私利的志愿行动，主动拿出时间、财物为人间提供慈爱与温暖、慰藉与关怀，并在充当义工的过程中不断充实、完善、提高自我，对此，政府也是大力支持和鼓励的。美国就专门有由总统签署通过的有关扶持青少年义工行动的《全国与社区服务法案》，旨在鼓励和促进青年学生自愿进入社会义工服务行列。该《法案》规定：对做满1400个小时的青年义工，政府将提供4725美元的奖学金，既可以用作大学学费，也可以用作职业训练或偿还大学贷款，对于政府的这一举措人们拍手称赞。每当中学生报考大学时，他们的义工服务情况将是大学录取学生时考察的重要内容之一。许多美国人都说，他们的义工服务是建立在信仰基础上的，他们需要做义工，他们也情愿做义工。他们不是一时激动心血来潮，也不会"三天打鱼，两天晒网"，他们把做好义工看作是伴随他们一生的神圣事业，容不得亵渎和玷污。

英姿飒爽甘愿奉献的青春少年

义工行动对净化人的心灵，改变社会风气等多个方面，都起着积极作用。美国的教育专家认为，尽管美国的一些青少年犯下野蛮罪行，但并非每个青少年都那么坏。一位青少年政策资深研究员表示：数百年来美国青少年一直声名狼藉……但如果我们谈论的是整个世界的年轻人，我觉得当代美国青少年或许是有史以来素质最佳的一代。

过去3年中，麦奇逊加入了"新青年行动"义工组织，做了400多小时的社区义工。现在放学后，他仍到附近公园里捡垃圾、清除不雅的涂鸦或为无家可归者缝制睡袋、准备食物。他说："这不是服务，这是寻找快乐。放了学无所事事，闲得无聊弄不好就会被卷入暴力帮派，最终可能会受伤、被捕，甚至被杀。参加义工活动，做点力所能及的好事，可以让我远离这些危险的诱惑。"

我在美国看到了许许多多像麦奇逊一样的青少年，他们志愿当义工，为社区和人们做好事善事，这不仅是他们重塑美国青少年形象的实际行动，而且也使他们寻找到了内在的信心与毅力，远离了暴力与犯罪、沉沦与堕落。他们的人生未必完美，但从此却具有了某种意义，感到了充实和一种向上的力量。

纽约街头的
人性化服务

义工活跃在美利坚的土地上。包括总统、副总统、国务卿以及各部部长，都乐于穿上T恤衫，戴上棒球帽，从深宫阔院走出来当一名义工。在报纸、电台、电视台，人们也可以随时收看到关于义工的消息。义工活动仿佛胜过了高尔夫运动，义工现象俨然已成为一种时尚，各类义工组织要招纳不发薪水的工作人员简直是易如反掌，而且往往是供大于求，不得不设置条件，择优录取，以限制人数。义工的服务项目也已经扩展到社会生活的方方面面。比如我在美国访问期间，前后换了大约60个翻译，竟然全部是不拿钱的义工！只图给我提供采访便利并趁机练一练他们的"汉语口语"，我曾经问到过几位这样的义工翻译，问他们当上义工为什么如此"Happy"？他们的回答几乎大同小异：美国物质极大丰富，是一个金钱至上、个人至上的国度，而个人又习惯于自成一体，以满足独立自由的生活需要。然而，正是这种生活让我们产生了一种无法表白

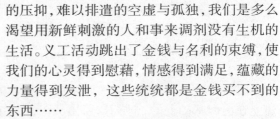

的压抑，难以排遣的空虚与孤独，我们是多么渴望用新鲜刺激的人和事来调剂没有生机的生活。义工活动跳出了金钱与名利的束缚，使我们的心灵得到慰藉，情感得到满足，蕴藏的力量得到发泄，这些统统都是金钱买不到的东西……

美利坚，一个充满义工的国度。

童子军有颗
金子般的心

30

生不起病的富国

高处不胜寒

在犹他州州立大学医学院，运送急诊病人的直升机在停机坪待命，时刻准备行动

　　美国广为流传着这样一个笑话：诚实的儿子质问当医生的老爸，你为什么不把病人的病一下子全治好?老爸瞪了涉世不深的儿子一眼，然后责怪说："傻小子，我要是把病人的病都治好了，今后到哪里去挣钱供养你上大学呢?"

　　美国人说：在美国什么都敢，就是不敢生病。

　　旅美华人说：在美国住院治疗任何疾病都不如买张往返机票回国检查治疗更省钱省事。现今，全美国每年的医疗费用已经突破了10 000亿美元大关，这种天文数字谁看了都感到惧怕。

　　美国医疗费用昂贵的原因很多。不说别的，先看看医生的收入：内科医生年收入在20万美元左右，矫形外科医生年收入28万美元，神经外科医生年收入32万美元，做心脏手术的外科医生收入最高，达到年收入36万美元之多!在美国看过病的人都有这样的切身体验，病还没看，七检查八检查的费用可能就已高达数千美元。美国的医生是宁愿让病人多花钱进行名目繁多的"防卫性"检查，也不愿因为一时疏忽被病人抓住把柄而受到起诉，那个官司打起来，可不得了哇!所以，据统计，美国每年光是用在重复性检查方面的费用，就高达150亿至200亿美元!再加上制药厂为推销新产品，每年的广告费用高达近300亿美元，这些成本最终自然都要转嫁到患者身上，正所谓"羊毛出在羊身上"嘛。

面对昂贵的医疗费用，如今不少美国人已经开始直接与医生、药店和医院讨价还价。据哈里斯交互公司最新进行的调查表明，由于越来越多的美国公司坚持由员工用自己的奖金来支付大部分医疗费用，并减少了对员工的医疗保险，今后，病人就自己的药方与医生讨价还价的现象将日益增多。在接受调查的2118名成年人中，17%的人表示在过去的一年中曾经在药店中讨价还价，希望药店能降低药品价格;13%的人要求自己的医生开具药价更为低廉的药方;12%的人与自己的牙医商量减少收费至最低额度;还有10%的人则和医院进行讨价还价，期盼把高昂的费用降下来，哪怕只是一点也好。而且实践证明，美国高昂的医疗费用也不是"铁板一块"，丝毫不能松动，这里的"泡沫"还是很多的，关键要看你病人敢不敢讨价还价。还是上述公司的追踪调查显示，在这些与

在美国什么都敢，就是不敢生病

医疗机构讨价还价的人中，约有一半人得到了令他们满意的结果:54%的人得到了医生开出的更便宜的药方，48%的人从药店买到了低价药，47%的人从牙医那里得到了折扣，45%的人使医院降低了服务费用。所有这些，应该说都是好的讯息，因而很快风传开来。

我把这事儿说给几个美国医生听，他们都一脸的惊讶，并立刻表白:"我们可从不敢乱开药，乱收费!"

通过一番采访，我才明白，在美国，药分两种:一种是非处方药;另一种是处方药。非处方药主要是一些十分普及的常用药，诸如眼药、感冒药、消炎药、抗过敏药以及维生素之类;而处方药则是用来治疗比较大的病，或是容易产生副作用的药。由于美国实行的是"保护性医疗制度"，为防止和避免病人得知自己的病情后受到刺激，药物大多数都有商品名和药名两个名称，医生与护士讨论给病人开什么药，服什么药，用的都是拉丁文的药名，开药时也是如此，因而病人如果不是内行，就像看"鬼画符"一样，根本看不懂处方上的"葫芦"里到底卖的什么药。实际上，美国医生不敢乱开药，药店不敢胡卖药，这完全是真的，不是吹牛。其主要原因是美国的医疗体系里有一套严格的法律制度。在美国，要想当个医生可不是那么容易。首先高考学医要的分数就高，分数过线还要过目试

莺飞草长的童年

这一关。大学本科4年后，再读4年医科，随后还要接受行医训练3至5年，就是至此，还不算"媳妇熬成婆婆"，还必须去参加行医执照考试，拿到执照后，才允许谋职就业或个人开诊所，才算是合法行医。对于一名医生来说，一旦乱开药被查出，最可能面临的处罚就是吊销行医执照。辛辛苦苦几十年的奋斗，转眼间"灰飞烟灭"，因此，哪个医生敢冒天下之大不韪，敢在开药问题上冒险赌博呢？同样，药也是如此，申请执照要"过五关斩六将"，符合种种规定。药店对于每一张处方药的售出十分小心，对于医生处方及所售药品都要有原始记录。假如是十分重要的药物，药店还会严加核实药方上医生的电话、诊所地址以及执照号码等等，以防不测情况的发生，做到防患于未然，何况药是人命关天的大事。如果药店在没有医生处方的情况下随意卖出了处方药，那么，一旦被查出来，不仅要被吊销营业执照，而且可能还要被处以高额罚款，甚至罚得倾家荡产。如果出了严重后果或是酿出人命案，那药店老板很可能就要被起诉判刑、锒铛入狱了。所以说，美国药店的老板想不想多卖药多赚钱？当然想。但他们却丝毫不敢乱来，不敢越"雷池"半步，更不敢卖无处方的药、卖人情药和假药。

在美国，61%的医生接受过医药公司提供的免费旅游

美国医生待遇好、薪水高，讲究职业道德，大都比较廉洁，一般来讲，很少有收病人红包的事情发生，因为犯不着为这些小利而丢掉自己的金饭碗。那么是不是说在美国医生中间就完全没有收红包的现象发生？也不尽然。我曾经就听说过美国的一些医药公司每年花在医生身上的"感情投资"竟然比用于科研开发的费用还多。在我访美时，路透社专门就此从华盛顿发出一条电讯，称：美国大多数医生说他们接受药品公司的礼物，从免费的药品到球赛门票。据美国研究健康和家庭问题的非营利性机构"凯泽家庭基金会"进行的调查表明，2000年美国医药公司用于公关和药品促销的费用高达157亿美元，占营业收入的14%，其中132亿美元是直接花在医生身上的"公关费"。几乎所有的医生都接受免费的药品样品；61%的医生曾经拿过体育比赛门票或接受过免费旅游。药品公司用于影响医生的花费要多于研究与发展经费，甚至也多于广告费用。该基金会会长德鲁·奥尔特曼表示："这是个令人担心的问题，给回扣是一种十分不好的行为，因为有商业利益集团试图影响医生和病人的行为，还不清楚这些好处对医生的影响有多大。"调查表明，大多数医生都意识到药品公司一直在重视关注他们所开出的药方，大约有1/3以上的医生对此颇感不安。奥尔特曼说："他们知道药品公司正在密切注意他们，也知道药品公司试图影响他们。但

当你开玩笑地跟医生说起这件事时，他们会耸耸肩，一笑了之，有的还信誓旦旦地表示：'我喜欢免费度假，但我不会受影响。'"接受此项调查的2600名医生分布于全美各地，只有12%的人说他们参与药品试验有着经济方面的考虑和动机。但药品公司试图通过其他途径来引起医生们的注意，这包括送给他们刻着药品名称的各种高档小礼品、医疗康复设备或者直接出钱请医生到著名风景旅游区玩耍度假。从这个调查可以看出，不管是哪类红包，已经引起美国社会和公众的注意，他们抱怨本应以"治病救人"为宗旨的医疗行业现在商业气氛太重。

到美国医院去参观一次后，印象是这里像个乐园，虽然是一个可怕的乐园。美国医院现在全国大约有8000家，其中95%为私人医院，随之带来的便是医疗界的激烈竞争。因此，美国医院既不害怕病人、讨厌病人，也不应付病人、误导病人，而是千方百计吸引病人前来看病住院。病人真正成了医院的上帝和"衣食父母"。在犹他州医院，每个内科病房里只有一个病人，里面设备齐全，大到电视机、冰箱、空调，小到电话、DVD、空气湿润器。至于医疗设备方面，那更是自不待言，能"先进"就不"落后"，医院就是要靠一流的"硬件"来争取病人的光顾。讲到"软件"，那也没啥含糊的，医生们怎么拿到执照前面已经谈过。护士们最基本的要求是必须上过4年制的正规护校，受到严格的训练，尤其是心理方面，要具备良好的素质。美国的护士职业因为工资很高，所以令人艳羡，要想站稳脚跟，保住饭碗，就只有靠在激烈的竞争中求生存，谋发展。正因为如此，美国医院的护士大都有着强烈的敬业精神和职业道德，对病人的护理体贴入微、关爱有加，充满春天般的柔情和夏日般的火热，患者钱花了，但却享受到高水平、高质量的护理，这也体现出美国的市场经济原则无处不在，以人为本，优质优价。

当然，美国也有庸医，美国医疗协会的一位官员讲，美国大约有5%到10%的医生水平很糟糕，对病人构成严重隐患，以至于锯错了腿，切错了肺，将手术器械遗留在病体，麻醉师在手术室里睡着了等千奇百怪的医疗事故时有发生。譬如地处美国最发达地域的纽约州，有一年共有270万人住入医院，其中有近10万人的死亡是由医疗事故引起的。也就是说在每1000名住院的病人当中，就有5人由于医疗不当而死亡。与此同时，美国各地的医疗事故也是"按下葫芦起了瓢"，层出不穷，影响恶劣。由此而导致的严重后果便是，美国每年有5万到10万名医生受到医疗当局的处分或遭受病人家属的起诉。丢掉饭碗后，不少庸医还要来个"此处不留爷，自有留爷处"，或改换门庭，或另起炉灶，继续他们的"白衣天使之梦"，这将是一幅多么可怕的情景啊！

即便在美国这样的富国，人们也一样生不起病。

本书作者采访一名残障人士

31

传媒的童话

新闻记者常
常出没的哈佛校园

美国杨百翰
大学《宇宙时报》
的总编（右一）年
仅21岁，在该校2
年级就读

　　美国是世界上头号传媒帝国。今日之寰宇，每发布5条消息，就有4条来自美国。而美国在新科技和图像领域内的垄断则更加明显，譬如，世界上80%的视听节目，都是由美国制作的。联合国的有关专家曾经惊呼："世界娱乐和传媒工业正掌握在一小撮大型企业手中，它们控制着传播网络、制作、新闻和电影，并通过电视和卫星送达全世界的家庭。"据称，在全世界最大的300家传媒企业中，美国就独霸了144家之多！

　　有人把美国的传媒称为是行政、立法、司法三权之外的"第四权"，这话不无道理。一方面表明美国传媒的发达强盛，另一方面也揭示了美国传媒所具有的独特功能。根据我了解到的情况，当我访美之时，全美有近1600家日报、4大全国性电视网、100多家商业电视台、13 000家电台和600多家专业性杂志，个个处于八仙过海各显神通的自由竞争状态，如此这般，把美国传媒造就成继汽车和钢铁工业后第三大有利可图的产业，传媒就业量号称"百万大军"。

几乎所有我见到的美国传媒界人士都对我标榜说：美国新闻媒体堪称是世界上最自由的基本上没有任何约束的媒体。美国宪法第一修正案标明，美国政府不能通过立法来控制言论自由和新闻自由；宪法赋予传媒的责任和义务是对政府进行批评监督，并为美国大众提供客观公正的报道。基于此"特权"，美国传媒可以进行有

新闻记者的心声：我们的最大乐趣就是充当监督政府与官员的"看门狗"

相当深度和广度的调查性报道，可以揭发各类政坛人物和名流的各种丑闻，而不会因此受到任何打击报复。平心而论，这都是实情，因此被"宠坏"了的美国传媒经常进行随心所欲、放任自流的报道，但对国内新闻的失实报道若引发官司，有时是要负法律责任的。我看美国报纸，发现许多记者都有一大嗜好，不经采访调查与对质核实，常常援引一些不愿透露姓名的消息灵通人士对政府高级官员和政客进行道听途说的、耸人听闻的报道，对国外的就更不在话下了（譬如，"妖魔化"中国的报道就时不时出现美国的传媒上）。如果见报后发现与事实不符，顶多于次日在内版中不显眼的固定角落登个小得不能再小的"更正"就算扯平，被歪曲报道的对象对传媒的出格报道大都抱着一种无可奈何的态度，因为对方尚未构成诽谤罪。从这方面来说，美国的新闻是"够"自由的。

从另一方面来说，山姆大叔的逻辑是：美国的国家利益高于一切，美国的国家主权高于一切，星条旗应该飘扬在全球各地，而且要"永远不落"。那么，如何推行美国的利益和价值观呢？美国政府认为最好和最便捷的方式就是通过传媒。前"美国之音"的台长约翰·休斯就曾经表白："我们觉得用文字进行战斗，比用武器进行战斗更加便宜。"美国标榜新闻自由，宣称传媒不受政府或政党控制，但新闻自由在美国也只是相对而非绝对。远的不说，据无国界记者组织发表的"世界新闻自由"年度报告称：自"9·11"事件以来，美国在反恐斗争中向传媒施加压力，限制了新闻自由。"9·11"当天，美国当局限制记者进入世贸大厦现场，并实行了新闻检查。华盛顿在打击其头号死敌本·拉登的同时破坏了新闻自由，多次对传媒播出本·拉登的录像提出异议，表示不许给"美国的敌人"发表讲话的机会。与此同

时，美国还对卡塔尔半岛电视台施加压力，指控它散布"反美情绪"，无故逮捕该台驻美记者，联邦调查局在这位记者出示证件后还称是"身份搞错了"。五角大楼还包买了伊科诺斯商用卫星拍摄的全部阿富汗作战照片，进行新闻封锁，在未得到司法准许的情况下截留嫌疑人发出和接受的各种信件。此外，联邦调查局还在互联网上安装程序，截获任何自己需要的信息。在反恐战争进行时，阿富汗电台、电视台遭轰炸，美联社和BBC记者驻地也受到影响，目的只有一个，就是限制新闻记者进行报道。

　　我在美国接触到的一位传媒界人士曾说：有权力发布消息的人就有权力捏造事实。想要颂扬的战争就可以将它标榜得很伟大，并置于国际社会的关注之下。别国发动的战争就是无理的，就是暴力的；而美国发动的战争永远是人道主义战争，是"干净的"，就像海湾战争一样。有线新闻电视公司说，那是一场没有死人的战争，仅有的牺牲品乃是淹死在石油中的几只鸬鹚。

　　报馆设在佛罗里达州的小报《国家问讯报》，在我访美期间频频刊出重大新闻，令美国主流大报垂涎欲滴，刮目相看。美国的小报与大报到底有什么区别？得克萨斯州州立大学新闻系教授沙佛利说，所谓小报是版

《宇宙日报》编委会正在讨论当日要闻稿件

本书作者在盐湖城冬奥会新闻发布会上

面比普通报纸小一半。小报之间有很大区别，有的受人尊敬，如《纽约每日新闻报》，有百年历史；有的让人不敢恭维，长年累月刊登的尽是些低级趣味甚至淫秽的货色。据说，美国的小报是随城市地铁兴起的，因为地铁里人群拥挤，大报铺展不开，小报看着方便。《国家问讯报》声名鹊起，大出风头是因为对读者关注的事件穷追不舍，采访确凿证据。如为证明克林顿夫人之弟为谋求克林顿赦免一个有犯罪纪录的人而拿到额外酬金一事，多家媒体如《洛杉矶时报》、美联社等也在追踪采访，并发出相关报道。但折腾来折腾去，只有《国家问讯报》搞到了克林顿小舅子获得 20 万美元报酬的汇款单，"铁证"在手，这新闻炒作起来当然"底气"十足，高人一等。

以舆论之剑腰斩当权者及其亲属以权谋私的事儿，一般属于大报行当。但小报《国家问讯报》也敢上阵与克林顿"叫板"，包括稍早时揭发黑人民权运动领袖杰克逊跟一位下属婚外恋还生下一个孩子。这些证据确凿的新闻披露，使平时牛烘烘的大报也不得不十分尴尬地转载小报消息。不过，各大报聊以自慰的是在新闻采写过程中坚持了伦理底线，没有出钱收买消息，而小报绝大多数是要靠美金"开路"的。看来，大报与小报简单的区别可以说是 News 跟 Gossip，也就是新闻跟逸闻的区别，两者之间的界限正在逐渐模糊。许多美国"老编"都说，大报与小报相互接近的现象并非新奇，近年来趋势特别明显，大报和小报双方受到推力和拉力相互靠近。小报寻求报道更多具有全国性意义的消息，寻求刊登一些比较正统的调查性报道，大报也不得不迎合读者需要，把更多的笔墨和版面用在演艺界明星大腕的身上，在生存与面子的取舍间，当然生存更为重要。

哥伦比亚广播公司和《费城问讯报》曾经是美国新闻王冠上的两颗耀眼明珠。从电视业的"幼儿时期"，一直到 20 世纪末，哥伦比亚广播公司甚至自诩为美国传媒中的"蒂法尼公司"(美国著名珠宝商之一)，驰名寰宇的迈克·华莱士等均出道于此。而小小的《费城问讯报》竟先后获得过 17 项普利策奖。尽管如此，资深报人汤尼和凯泽还是在他俩令人不安的新书《有关新闻的新闻：处于危机之中的美国新闻业》中指出，"建立一个著名的新闻机构虽然异常困难，但是让它垮台却令人悲哀地容易"。汤尼和凯泽写道：优秀的传媒也会出问题。在过去约 10 年间，一场遍及全行业的不断提高利润的运动使大大小小的传媒遇到很多问题。多数美国公司会为 10% 的利润率兴奋不已，但是多数报纸的经营者认为，从其垄断业务获得 15% 至 20% 的利润率是经营良好的起码迹象。很多报纸老板坚持要求利润率达到 25% ~ 30%，甚至更高。实际上，即使经济

中文电视传媒在旧金山繁华街市上的巨幅广告

美国西部著名女摄影家杰妮

形势红火时期，也难以在实现上述利润率的同时，又不影响新闻采编工作。多数传媒为避免这种情况而采取的一项目光短浅的手段只能是缩减报道人员和刊登新闻的版面，借以减少支出，增加利润。显而易见，在利益驱动之下，传媒老板强迫编辑更加注重利润，而非优秀的新闻。各传媒绞尽脑汁用取悦广告客户的消遣性新闻、特写以及淡化有关商业、政府、国家和世界的严肃新闻，来吸引读者

镜头的诱惑

华尔街是传媒永远追逐与关注的焦点

和广告客户。一句话，谁给钱给的多，谁就是传媒的"亲爹亲娘"。

美国朋友不无揶揄地对我说，如今华尔街股票分析人士的预测和建议对当今新闻巨头的重要性已经超过国会的争论、国外的饥荒和种族大屠杀。为保住和重新获得日益零散的读者群，各传媒争先恐后向媚俗化与名人化发展。一时间，报道对象要么全都是辛普森、要么全都是黛安娜王妃，要么全都是莱温斯基，要么全都是加利·康迪特。这情形正如美国一位学者把传媒比喻为妖魔鬼怪那样，称这些妖魔鬼怪每天不仅要吃萝卜青菜，而且天天还要吃荤菜，如果几天不喂它们吃大鱼大肉，它们就会张开血盆大口到处咬人甚至吃人，如此而已，岂有他哉！

但政府官员及政客们更能巧妙利用传媒来为自己涂脂抹粉，传媒被利用的事例在美国也是家常便饭，司空见惯。当初在克林顿绯闻案的司法大战中，白宫律师班子与独立检察官斯塔尔办公室互相严厉指控对方暗中向传媒散布有损对方的流言飞语，并将此提供给传媒"炒作"，其实质就是试图借媒体的报道来达到破坏对方的调查或战略部署。在这场政治与司法的恶战中，兴风作浪的美国传媒俨然成了双方进行格杀较量的会说话的工具。如果到选举年时离开了传媒，真不知道美国的政客们该如何呼吸和生存。

坐在美国州长位置上的中国作家

作为曾有过"传媒工作经历"的我来说，自然在美考察访问时对美国传媒关于中国的报道给以关注，基本印象如同许多同行所指出过的，感觉是四个字：傲慢、偏见。简言之，美国的主流媒体特别是位于华盛顿、纽约两地的媒体以及从未到华访问过的专栏作家，经常配合美国国内的各种势力对中美关系起着"促退"作用，"黑白随意颠倒，是非任意混淆"是常常发生的事情。许多传媒老板为了挣钱，也顾不得新闻客观公正的原则，于是乎就形成这样一种让人难解的怪现象：尽管遵循了美国所标榜的实事求是的传媒道德，但对中国友好的报道，因为不适合美国国内"一阵阵"的反华气候和政治需要，稿子常常被编辑部"枪毙"，扔进废纸篓，而对中国的负面报道倒容易见报，"一路绿灯"。一位驻美的中国资深记者也曾说：相比之下，美国地方和西海岸的媒体与记者对中国的报道比较客观友好，华盛顿和纽约的新闻媒体与记者对中国的报道刻薄恶毒，往往在人权等问题上纠缠不清。这对美国传媒强调最盛的"独立"与"中立"，不能不说是一个绝妙的讽刺。

当我参观在美国竞争最激烈的报业市场新杀出的《纽约太阳报》时，该社一位记者对我表示："这里的传媒有许多不正当的诡计，正如大城市内部有许多阴暗的胡同一样。所以，认识这些诡计和胡同的人可以节约许多时间，避免许多麻烦。……"

32

在消费的战场上

你不理财，
财不理你

没钱也敢透
支花钱的美国人

　　美国人常说的一句话是"商场如战场"，比喻经商的残酷与壮烈，这是很多人都稔熟的。而我此番在访美时听到了美国人说"消费如战场"，就感到有那么点儿突兀和新鲜。但当我了解到美国零售业"密探猖獗"，有500家神秘购物公司频频派出"密探"造访零售业，制止服务质量下滑的内幕后，我仿佛真的闻到了"消费战场"上的火药味儿了。

　　毫无疑问，美国是世界上的头号消费王国。没有消费，美国经济的发动机就要停止转动，生产就会停滞，灾难性的后果不堪设想。每当美国经济陷入衰退，失业人数大幅攀升之时，消费就要受到抑制从而又反过来影响经济的复苏。说消费是美国经济的晴雨表，这话不无道理。

我在杨百翰大学商学院访问时，该院院长告诉我，在美国2001年10.2万亿美元的国内生产总值中，个人消费支出占了2/3，大约7万亿美元左右。其中又有将近一半约3万亿美元是商品零售额，也就是美国人平时从商店买东西所花费的钱，另有约4万亿美元是花在住房、交通、水电燃料、旅游等方面的费用。你看，这个天文数字般的7万亿美元，就被美国人这样轻轻松松消费掉了。院长还谈到，在美国，老百姓愿不愿意大把大把花钱关系到美国经济的运行速度，同时也是衡量美国经济景气与否、情况好坏的一个重要标志。当老百姓放手消费，可着劲儿花钱的时候，从政府到经济学家，从生产商到销售商，无不欢欣鼓舞，弹冠相庆；而当老百姓紧把着钱袋不痛快花钱或者盘算着一分钱掰成两半花时，那些欢欣鼓舞的人们就会满脸愁云，焦急万分!我想，如果反"皇帝不急太监急"之意而用之，这就叫"太监不急皇帝急"了。

在美国消费的战场上，尽管商家们为了追逐利润，"打"来"杀"去，但顾客是"永远的上帝"这个理念是绝对不会改变的。而且，顾客就是上帝并不单纯指服务态度和商品的优劣，更主要的含意在于衡量、苛求服务水准与商人素质。比如，买来的衣服洗涤时褪色，包装精美的礼品拆开后有小缺陷，

行进在"消费王国"的美国人

微波炉用了一个月说不好使，电熨斗喷出的蒸汽不均匀等，统统可以拿回原商场退货或调换。不少商场在销售大型家用电器时，还有最低价格承诺，即如果你买一部大屏幕彩电，30天内若发现其他商场比之价格更低，你可凭单据要求返还多出的差价。一句话，所有购买的商品只要保留好原有标签及购物单，退货时无论童叟，径直去收款台办理即可，不必费任何口舌，不必走任何"后门"。大名鼎鼎的英特尔公司曾推出一种新型电脑晶片，由于设计上的问题，有时导致电脑用户进行复杂数字计算时有错误现象发生，对此，该公司宣布：只要用户能提出充分理由，即可免费更换新晶片。这个"新规定"与货物出门皆能退换的"老概念"出入很大，于是顾客们群起攻之，IBM立即停止交运使用该晶片的电脑，受其影响，英特尔股票一路大跌，英特尔再不敢怠慢，马上表示：不管什么理由，一律免费更换这种晶片，这才避免了更大的经济损失和声誉贬毁。这正是，顾客能载舟，也能覆舟，英特尔再有"金字招牌"，也得罪不起"上帝"们呀!

曾几何时，为了最大限度地遏止服务质量的下滑，全美估计有500家神秘购物公司频频派出"密探"造访零售业，以便找出问题，

对症下药，综合治理。

你看，就是这个穿着浅色运动衣和保暖夹克的女士帕瓦蒂，走进科斯塔梅萨的一家"塔戈贝尔"餐厅，看了看表，眼睛一扫，心中暗暗记下几个细节：等候队伍很长，柜台上有垃圾，7个吸管包装袋，十几张散落零乱的餐巾纸。紧接着，帕瓦蒂要了3个墨西哥煎玉米饼和一杯饮料，谛听着收银员重复一遍。东西上齐后，帕瓦蒂拿起来就飞奔回自己的汽车。在车里，她把一支温度计插进墨西哥煎玉米饼里测试温度是多少，然后在数字秤上称了称这些食物的重量，接着又检查了西红柿的新鲜程度。这些数据都出来后，经过综合，帕瓦蒂用"手掌电脑"快速写出一份短小精悍的专题报告，呈报给派她出来的顶头上司。帕瓦蒂坦承，她是一位神秘购物人，以前从未像现在这样忙，忙的都脚丫子朝天了，这说明消费战场的鏖战正酣。她还说，她的主要客户是快餐厅，然而几乎是各行各业都向她发出了邀请，让她充当商场"密探"。她曾经以神秘购物者的身份，在饭店登记住宿，报名参加旅行，冒充要租住公寓的房客，甚至装扮成病人去看医生。她要在这个"行为过程"中发现问题，找出问题，记录问题，看消费者的权益是否受到伤害，哪怕是很小很小的伤害！在美国，

被出售的"米开朗基罗"

虽然这种窥探雇员工作情况的做法已经有多年历史，如今随着消费战场的烽烟更烈，则达到前所未有的程度。据美国媒体披露，目前营业的神秘购物公司有500家之多，比3年前增加了25%。这些公司每周要派出多达50万的人充当"业余侦探"的自由职业者。帕瓦蒂就是这其中的一员，她每写一份报告能赚20美元，有时报告写的精彩还能得到额外奖励。她每年写的报告量很大，而且出手很快，"密探"职业给她带来的年收入超过6万美元。

美国消费战场上零售业"密探"猖獗的直接原因和驱动力是美国公司对客户服务的重视日益加强。近

学经济学的卖花姑娘

几年来，由于美国劳动力市场紧张，人员流动性增大，通常对监督服务质量起着重要作用的许多中层管理人员失业，造成客户服务质量出现日益下滑的局面。这当中，问题最严重的首推快餐业。根据"密探"反馈的情况来看，快餐业在受调查行业中总是得分最低，而最差的又是麦当劳，这就迫使该公司开始全方位大范围启用"密探顾客"。还有"塔哥"和"疯狂小鸡"等不少快餐连锁店，在因为费用支出问题放弃到神秘购物公司聘请"密探"多年之后，又重新采取这种做法。"疯狂小鸡"的大老板史蒂夫·加利说："如果你经营着某家餐馆，一段时间之后，你可能注意不到的一些问题出现了：比如收银员没有微笑服务，瓷砖掉了，放餐巾纸和吸管的自动装置没有填满等。这就是为什么你需要一双崭新的眼睛。""疯狂小鸡"自己给自己找"密探"前来盯梢的结果，用句形象的话来讲，那就是它们的"小鸡"卖得更"疯狂"了。而根据达拉斯神秘购物提供者协会的工作纪录表明，在全美95家最大的快餐连锁店中，有75%的都在使用神秘顾客——"密探"，一年前的这个比例仅仅才45%，这表明更多的商家已经"觉醒"了。

太阳下推销太阳帽

本文前面提到的那个帕瓦蒂曾经说，她接手的最不同寻常的"密探"任务是装扮成一名想买一幢价值380万美元豪宅的顾客，用录音机录下房地产推销员的工作表现，她当时做的"天衣无缝"，在胸罩里暗藏了一只小型麦克风，这只是"密探"们的招术之一，露出的"冰山一角"。随着"密探"在消费战场的激增，所引发的争论也愈来愈尖

引领新潮震撼上市

锐和激烈，许多雇员抱怨这种做法给他们增加了不合理的压力，侵犯了他们的"人权"，但是消费者大多数都为之叫好，说这样做"刹住了服务质量下滑之势"，"捍卫了'上帝'的权利和尊严……"

"密探"促进了消费，当然功不可没。

在美国消费的战场上，还存在着一个经过数十年持续努力建立起来的比较完善的社会保障体系，美国人通常称之为"社会安全网"，它对刺激消费起着不可小视的作用。有了这个"网"，大多数美国人对于生老病死等问题基本上无须太操心了。在平时，政府对企业、公司和老百姓强制性征收社会保障税，退休后的老人便可获得足够的钱来养老送终。绝大多数人都参加了医疗保险，有病上医院时也花不了多少钱，生活特别困难的人政府一律给予医疗补贴。总之，国家利用财政手段来影响老百姓的社会保险、医疗保健和就业的特殊职能，大大刺激了消费。还有许多方面，美国也具备了鼓励、诱导人们消费的好条件。比如美国最昂贵的大宗商品住房，动辄几十万、数百万美元，但却能够以抵押贷款的方式购买，手续并不繁杂，房款最多可以按30年分期偿还。孩子读书，小学到中学属于义务教育，公立学校学杂费全免，中午还提供免费午餐，基本上不用家庭花钱。美国上大学固然花费很大，但公民的孩子可以先不交一分钱，贷款上大学，待将来毕业工作后再还也为时不迟。据称，美国的福利开支每年已达到好几百亿美元，这将在消费战场上造成多么巨大的"冲击波"？不过，美国人大多数心里都很明白，美国的福利制度完全是"羊毛出

腥红的跑车刺激人们的消费欲望

美国人家的旅游房车

在羊身上"，每个人在有能力工作时缴纳税款，一旦丧失工作能力后，才能享受这种福利。

美国经济界的人士常常说，有了消费的良好环境，还需要具备扩大消费的基础和刺激消费的措施，这就是收入应该不断有所增加。要想收入增加，那经济就必须以较快的速度增长，否则"无本之木，无水之源"，拿什么来加薪？所以，在美国，政府和总统也很会办这方面的事，只要看到经济形势好，就以各种形式督促企业老板为雇员增加工资，让每个人都能从经济增长中获得一些好处。而当经济进入衰退期时，失业人数开始明显增多，人们口袋里的钱减少了，消费受到抑制反过来推迟经济的复苏。这个时候，政府和总

在华尔街练摊的黑人"倒爷"

统的重要工作就是冲破重重阻力，实施减税，减税实际上就是增加了人们的可支配收入。例如当我访问华盛顿时，美国国会刚刚通过新的经济刺激措施，其中广受"穷人"欢迎的是将失业救济金领取时间从原来的半年再延长了3个月，达到9个月。用美国普通百姓的话来评价，政府的这些减税及刺激措施无论在消费心理上还是在消费行为上都对美国经济复苏起到了积极作用，为美国经济的"发动机"增添了燃料，同时也使经济列车恢复加快运行速度获得了动力。一位美国家庭主妇很幽默地对我说：当新一轮消费热潮兴起之时，就是失业率普遍降低和公司利润普遍增加之日。

这位家庭主妇起码可以称得上是"半个经济学家"，她道出了这样一个"定理"：消费等于美国经济的发动机。纵观美国消费战场，有人给"山姆大叔"算了一卦：在美国经济史上，曾推动美国经济成长的那些因素继续发挥作用，困扰和羁绊美国经济增长的那些因素有些已经消失，有些仍然存在，新的羁绊还将可能继续出现。然而，正如历史已经证明的那样，困难与发展共生，但并不能阻碍发展。在这个科技革命迅猛发展的时代，占据世界科技革命制高点的美国，其经济仍将持续增长，并在未来相当长时期内雄踞世界头号经济强国的霸主地位。所以，从另一个层面上来讲，美国人在经济上全力以赴，就是为了在消费战场上立于不败之地。

33

枪的王国

人人手里不缺枪

以枪护卫枪
的王国

　　"在美国买枪甚至比买比萨饼还容易",得克萨斯州的一位小老板很轻松得意地这样对我说。接着,他领我去了一家很普通的超市,三绕两拐,就来到了枪的专柜,我定睛一看,好家伙,真倘若我当年在中越边境战斗,置身于一个常规武器库之中,长枪短枪,单管双管,五花八门,林林总总,应有尽有,而且价格非常便宜。如果花销在100美元之内,就可以买一支功能齐备的"现代化枪"。卖枪的妙龄女郎花枝招展,浓妆艳抹,笑脸相迎,问我:"是不是来一支?"她那惬意浪漫的样子,就仿佛生活在童话世界一般,没有丝毫恐惧的感觉。要知道,就是此州,1963年3月12日,一位名叫李·奥斯瓦德的青年人在NRA杂志上浏览到一条广告:"意大利产卡宾枪全长36英寸、净重5.5磅,射击准确、射速快捷……"

便随手撕下，附上 21.45 美元的汇票给芝加哥的厂商寄去，请其邮购。当月，枪就作为普通包裹递到了李·奥斯瓦德的手上。8 个月后，11 月 22 日，此君成为令全世界震惊的凶杀嫌疑犯，因为，可能就是这支完全合法买来的枪，圆满无缺地完成了一次高超的暗杀行动，在达拉斯将美国历史上最年轻有为的第一位信奉天主教的总统肯尼迪置于死地！令人不可思议的是，被控凶手在被捕 2 天后，于转移监狱途中又被人枪杀！

这正是：在枪的王国里，枪把"国王"都杀了，枪已泛滥到这样一种地步，人们还有什么好说的呢?!那么，肯尼迪总统之前之后，到底美国有多少人成为枪口下的冤魂，恐怕谁都说不清楚。时至今

不能设想没有了保安的纽约

日，枪的泛滥更是无以复加，甚至疯狂。据悉，根据当年纽约"枪手死亡之钟"的标示，早在 1994 年，以 5 月 9 日上午 11 日为截止点，全美私人手中拥有的枪支为 222 630 500 支，几乎人手一支，完全做到了毛泽东当年号召的"全民皆兵"。于是乎有人调侃说：美国不必与人家打核大战、中子战，就是打一场"人民战争"，也够"了得"！想想吧，2 亿多支枪在民间宛若"幽灵"游荡，这是一种多么让人胆战心惊的情景！

面对枪的泛滥成灾，美国出台过不少"枪法"，进行着种种控制枪的不懈努力。君不见，当年罗斯福在迈阿密遇刺，美国总检察官就拍案惊呼："地下歹徒拥有的武器是美国陆军和海军拥有的一倍，至少有50万持枪歹徒在对社会作战……"旋即，司法部出台"全国武器法"，本意是力挽狂澜，未曾想却成了"银样镴枪头"，不知是有意还是无意，该法如此严峻，手枪竟然不在其禁列，可以逍遥法外。结果成了一个笑料，直让历史

枪的王国即景：本书作者客居过的美国一位普通百姓泰瑞家中拥有的枪支

学家年年哀叹：这一疏忽（？）种下了恶果，令美国社会失去一个千载难逢的机遇。之后，美国又有"联邦武器法"、"枪支控制法"、"防止手枪暴力法"、"禁止进攻性武器法"等法律面世，到头来依然被枪"打"得人仰马翻，头破血流。远的不究，就说我访美当年，光是校园里的枪杀案，就已发生了多少起？于是善良的人们不禁要问：以美国这样一个法制国家，法律专家考虑周密，全国舆论严厉监督，制定法律耗工费时，立法机关反复审核，为何所有"枪法"都要网开一面留个"尾巴"呢？要回答这个问题，三五本书恐怕也讲不清楚，但大概的"分析路子"应该循着三个方面而去：美国宪法、美国特殊的枪文化和利益相互冲突的社会集团。

有确凿的文献记载，历史上，美国开国之父有一个基本理念，

在枪的王国玩枪，威胁无时不在

即认为由职业军人组成的常规军很有可能被中央政府利用来镇压人民，从而危及自由，因此极有必要代之以民兵制衡。当年革命时期，所有适龄男子必须参加军训，自带武器组成民兵队伍。以此为渊源，"个人有带枪的权利"已经成为伴随美国宪法的一个根深蒂固的概念，任何涉及禁枪的问题，必然触及极敏感的社会脉搏，哪个政客敢不讳莫如深？否则就别戴"乌纱帽"了！特殊的国情还衍生了特殊的枪文化，譬如"持枪者热爱大自然，是爱国者"，"持枪者的生存有赖于枪、枪是一种生存工具"云云。当然，枪的生产商、销售商及各个利益集团为了保持自己的高额垄断利润，大发枪财，明里暗里都是枪文化的最虔诚最狂热的鼓吹者与拥护者。在此种背景下，美国有了可入选吉尼斯记录大全的"六最"——全世界最大的私人武器库；全世界最大的民用武器进口市场；全世界最大的武器试验场；全世界最大的武器盗窃市场；全世界最大的"兵工厂"；全世界最大的枪支零售市场。犹他州杨百翰大学的一位中国博士生告诉我，全美有牌照的枪支零售商高达24万人，平均每1000个居民就有一个零售商，枪店多过加油站，买枪买子弹，样样都方便！他接着对我感叹："如果什么时候美国能禁了枪，那就是一个比较理想的社会。"

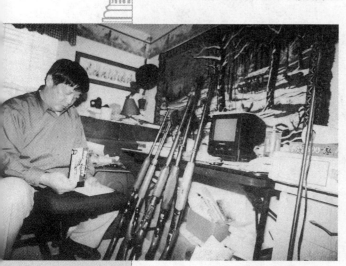

着实过了一把枪瘾的本书作者

我在访美期间，大概换了40个居住的地方，除了宾馆，凡体验生活住在美国老百姓家中，几乎家家都能"摸"出五六条枪来，我真是名副其实生活在"枪的王国"里了，而且还扛着双筒长枪去西部猎场打猎，子弹随便使，着实过了一把枪瘾。

美国枪文化的荒唐，只有到了美国亲自见识一番，你才会遇惊不惊，见怪不怪。

34

两次战争的祭品

在美利坚的土地上审视有关她的两次战争

欲望骑士

  从林肯纪念堂走下去不远，就是华盛顿朝鲜战争雕塑群与越战纪念碑，它们之间挨和得很近，仿佛昨天历史的进程一样。

  有人说：朝鲜战争雕塑群是"美国历史上的一块伤疤"；

  有人说：越战纪念碑是"美国历史上的一道伤痕"。

  还有人说："'伤疤'和'伤痕'，都在美国人的心中打下了深深的烙印。"

  美国作家贝文·亚历山大在其《朝鲜：我们第一次战败》——美国人的反思"一书中写道：

  "朝鲜战争成了民族意志重大冲突的竞技场，在这一竞技场上，各级领导人都做出了决策。有的决策英明卓绝，有的则铸成了大错。因此朝鲜战争亦是一部凡夫俗子在危机中依自己的见识而行动的人类传奇。"是的，朝鲜战争作为一次真正的国际暴力行动，自1950年6月25日始，至1953年7月27日止，历时达3年之久。这场战争是在吞噬了150万成年男女和儿童的生命，并使250万人伤残之后才得以结束的。这是历史上最具毁灭性的战争之一，由其产生的仇恨、怀疑和分裂的后果迄今尚存。

关于朝鲜战争，美国的一位著名人物讲过一句著名的话，大意是：在错误的时间，错误的地点，打了一场错误的战争。我想，这句话也许是这些年来美国反思朝鲜战争的最佳表述。

于是，在国家的首善之区的一块梯形草坪上，便落座下一组造型各异的士兵群雕，借以纪念一场失败的战争，显然，这是需要勇气、胸襟和境界的。据我所知，目前大概也只有美国敢于这样做。

朝鲜战争的详情我这里就不再赘述，而朝鲜战争群雕的构思则是颇具匠心，一篇两篇文章说不清楚的。整个群雕由十几位造型各异、全副武装的士兵组成，他们正东张西望、小心翼翼地搜索前进。那恐怖的面部表情，那无比忧伤的目光，以及那战栗惊慌的"肢体语言"，都表达出这场战争的残酷和战争参加者的无奈与抵触。事实上，美国历史上只有两次大规模的国内战争，即独立战争和南北战争，时间都很短暂。而投入国外的战争倒是不少，真正是扮演着"世界警察"的角色，除了两次世界大战外，美国在朝鲜战争与越战中伤亡的士兵是最多的，教训是惨痛的，留下的后遗症也是最大的。朝鲜战争群雕的震撼力是每位亲临现场者都能感觉到的，它看似简约，却在用无声的语言警示国民正视战争的结局，开启治疗战争创伤的漫长历程。尤其是在参加过朝鲜战争老兵的心中，这组群雕引发了他们深刻的反思，这也许就是对阵亡将士最好的一种纪念方式。不过这组群雕前有一组铭文，不同的人会有不同的理解，它这样写道（大意）：我们的国家荣誉，她的儿女响应召唤，去保卫一个从不知道的国家和从未见过的人民。

美国历史铭记：越战纪念碑的设计者是一位名叫林璎的华裔女大学生

朝鲜战争：民族意志重大冲突的竞技场

而越战纪念碑，则是一道横躺在大地上的建筑物，从空中俯瞰或从国家大草坪上正面望去，就像一个偌大的"V"字，或者说像一本打开的书，那上面镌刻着密密麻麻的美军在越战中一去不复返的 58 132 个年轻人的名字。

　　建立越战纪念碑的最初想法是由一位美军陆军下士提出来的，后来在华盛顿的一个越战老兵组织内达成了 4 点共识：一是纪念碑要有鲜明特点；二是要与周围景观与建筑谐调；三是碑身上要镌刻所有阵亡和失踪者姓名；四是不出现对越战的任何介绍和评价。1980 年 7 月 1 日，美国国会终于批准建立越战纪念碑。在纷至沓来的 1421 个应征方案中，一位名叫林璎的华裔女大学生的设计脱颖而出，力拔头筹。当时，林璎是耶鲁大学建筑系四年级学生，年仅 21 岁，她在阐述自己的设计思想时说："当你沿着斜坡而下，望着两侧黝黑发亮的花岗岩墙体，犹如在阅读一本叙述越南战争历史的书。"然而，林璎的设计却引发了广泛争议，有人认为这座纪念碑是对战死者的不尊重，纪念碑应该拔地崛起，而非陷入地下；还有人认为阵亡者的名字应按英文字母排序，而不应依战死的时间排列。更有甚者，连设计者是一位华裔也成了问题，显然这已不是理性的声音了。所幸的是，美国建筑师学会与诸多越战纪念团体坚决支持林璎的设计，经过精心的施工，最终于 1982 年 11 月 13 日落成并向公众开放。

昔日老兵成了今日广告推销员

为了不忘却的纪念

越战纪念碑是迄今为止世界上所有纪念碑中最为奇特的一座，纪念碑总长152米，两面碑体各长约76米，两碑夹角125度，碑高约3米，上面所镌刻的阵亡者名字都一样大小，每个字母高1.34厘米，深0.09厘米。当每天潮水般的人群涌向这里，他们携来的有眼泪，带走的更有思索和收获。朝鲜战争的硝烟刚刚落定，从1954年开始，美国便直接卷入以越南为全面战场的印度支那战争，随后逐步升级，从1965年开始派遣地面部队直接作战。越战一直持续到1975年5月，以美国撤退，阮文绍政权垮台，越南统一而告结束。越战过程中，美国总共派遣出270万军队，参战兵力最多时达到54.34万人，消耗军费高达3000多亿美元，但最终仍然未能摆脱失败的命运。越战中曾经担任美国国防部长的罗伯特·迈克纳马拉忏悔说："人们总是事后比事前聪明。这一格言在时间的走廊里、在许多人身上、在许多情况下和许多时代中不断回响。人无完人，我们也难免会犯错误，我不得不带着痛苦和沉重的心情坦白承认，这个格言也同样适于我和与越南有关的一代美国人"。

有忏悔总比没有忏悔好，华盛顿的朝鲜战争雕塑群与越战纪念碑，也许就是对于这种忏悔的最好的"注脚"。

生者与死者
的现在进行时

35

不再沉默的同性恋

四条汉子

同性恋者从
大街上坦然走过

　　同性恋在美国已是见怪不怪了。大约在十几年前，美国舆论和
社会还在打压、歧视同性恋。同性恋者在许多地方都如同过街老
鼠，人人喊打。人们对男同性恋的婚姻更是深恶痛绝，不言轻饶。
因而经常发生袭击男同性恋者的暴力事件。不少雇主公开解雇同性
恋员工，军队中如发现同性恋者，则立即被剥夺军籍，扫地出门。
　　同性恋在美国登堂入室，经历了一个痛苦抗争的过程。早在
1993年春天，曾有过"同性恋者大闹华盛顿"的事件。那时，有30

多万来自全美各地的男女同性恋者以及他们的支持者在华盛顿纪念碑大草坪上举行了盛大的示威游行，向政府和社会显示同性恋队伍的空前壮大，同时鼓励所有同性恋者拿出勇气，自豪地公开露面，并强烈要求与正常人享受平等的人权与社会地位。这种场面构成了华盛顿有史以来从未有过的景观。而在此前，2000名同性恋者选择首都华盛顿这样一个敏感地域举行了在正常人看来既荒唐又可笑的"婚礼"，算是揭开了同性恋大游行的序幕，而当时同性恋组织的头儿们则标榜：我们这次同性恋大游行的重要性，完全可以与美国20世纪60年代掀起的黑人民权运动相媲美，平分秋色。

风景这边独好

现如今，美国同性恋已是民权的一部分，成了许多美国人津津乐道的话题，仿佛就如同他们关于堕胎的讲座一样，成为生活中颇为重要的一部分。同性恋，这种未被大多数人接受的文化现象，在美国这个多元且颇能包容的社会已不再是禁忌。主流社会对同性之间的性爱现象和当事人，都能彬彬有礼称之为"同性恋"、"同性恋者"，或称"Gay"(男同性恋)、"Lesbian"(女同性恋)。而旅美的香港移民则把他们叫做"同志"，真是有点意思。"同志"这个词，我们大概都不会陌生，《新华词典》上的解释是："为共同的理想、事业而奋斗的人"，它是中国公民之间最常用的一般性称呼。白云苍狗，沧海桑田，而今"同志"又蕴含了另一层意思，跟过去的意义风马牛不相及！不过，这个词用在这上面倒也是蛮合适的，有一种可"言传"更能"意会"的感觉。所以，我认为，如今"同志"这个词一定要慎用，不然就要"闹"出"乱子"来。这里要特别提到，用"同志"代称同性恋，"版权"属于香港，现在在美国的华人社会里也叫开了，谁能想到"同志"这个词还能漂洋过海，来美国大行其道，真不知道这到底该是谁的功劳？

同性恋大游行中的瞬间

一位对同性恋颇有研究的社会学家指出，人们往往存在有一种误解，认为男同性恋者会具有女性的某些行为特征，而女同性恋者反之。事实上，根据外貌、举止、性别角色常常无法将同性恋男女与异性恋者进行区别。同性恋之间的性角色是互换的，从某种意义上讲，同性恋打破了异性性爱世界中所谓的"男强女弱"的思维定式。那么，美国现在到底有多少同性恋者？据权威部门披露，同性恋人数并没有像原先所说的占到中青年人口的10%，实际数字在

3%左右。

　　同性恋到底是怎样形成的，历来都有两种说法，一派认为是天生的，一派认为是后天形成的，不过至今还没有一个人讲得清楚同性恋的遗传、生理和心理机制，因此，想要一个严格的、科学的定义几乎还不可能。美国的医学专家研究后发现，除了后天受到刺激造成心理变态外，同性恋者大脑的某个部位要比非同性恋者大出一块。此论一出，这"一块"成了大逆不道的"恶魔"，正统的"卫道士"们为使同性恋者悬崖勒马，改邪归正，便大举开办"特色门诊"，并称"效果显著"，有很多同性恋患者经过不断治疗后终于恢复正常，有的还组织了正常的家庭并生儿育女。而同性恋组织当然对此无比愤怒，把这看成是对同性恋的扼杀，随之而生的便是掀起更大规模和更具力度的"同性恋风暴"。

潇洒佻俪潇洒情

　　在纽约，男同性恋的杂志公开销售，著名的同性恋街"格林尼治村"里，在酒吧里折腾喧闹的几乎清一色都是同性恋者。即便是在曼哈顿第5大道这样众目睽睽、商家林立的世界驰名街市，一对对同性恋人照样旁若无人地疯狂接吻，在川流不息的人群车阵中勾肩搭背猥狎而行。至于在那幽暗脏乱的地铁里同性恋人们挤眉弄眼、搔首弄姿的作态，更是比比皆是，屡见不鲜。如果要比起在第5大道上举行的同性恋大游行，那么上述所作所为便都是"小儿科"了。每年度都要举行的纽约同性恋大游行，是美国东部地区同性恋者的盛大节日，游行之日，各种造型的彩车富丽堂皇，形态各异，浩浩荡荡迤逦于长长的街市，上面的同性恋者浓妆艳抹，乔装打扮弄出种种姿势，吸引游人驻足观看。在地面上，有一对对牵手游行赤裸上身点缀男性化的女同性恋人，还有身着短裙旗袍、脚蹬高跟鞋、各部位戴满饰物的男扮女装的男同性恋者。值得一提的是，在这支游行大军中，有不少华人的面孔，男女都有，他们或表示同性恋者应该受到法律保护，得到公平对待，或忧虑社会各个层面依然明里暗里地排斥同性恋。值得同性恋者特别自豪的是，在游行举行到一半的时候，纽约市市长也加入到游行队伍中来，并与同性恋者和围观的民众握手，他的出席仅仅是作一种姿态吗?同性恋者可不这样认为。

一位美国的同性恋作家告诉我,也就是在纽约市长参加同性恋大游行的同一年,时任总统克林顿破天荒出席了一个同性恋组织在华盛顿一家饭店举行的晚宴,他在致辞时,公开表示支持同性恋者的权利:"我们都知道社会上仍存在对男女同性恋者的歧视,但我们也知道,如果我们要使美国走向和谐统一,包括你们在内的所有美国人都应该是这个统一体的成员。"与此同时,饭店外还聚集了

地铁站是同性恋者常常"接头"的地方

旧金山的同性恋者在船上聚会

大批示威抗议者,他们指责克林顿的行为背弃了他要大力加强对艾滋病研究的承诺,不少宗教界保守派人士也抨击说,总统在同性恋晚宴上露面与他捍卫传统价值的立场是背道而驰的。而赞成者们则表示:总统的光临是对同性恋运动的认可,是彻底改变美国歧视同性恋的一个迹象,一个信号。

在旧金山,这个号称"美国同性恋天堂"的地方,尽管加州法律尚未承认同性恋婚姻合法,但市长却主持了200对男女同性恋者"家庭伴侣仪式",市长坦言:"旧金山为其他州和整个美国带路,旧金山接受情侣的多元化和合法性,不管他们的性别和对伴侣性别选择的取向"。市长续称,其他城市允许同性恋者注册登记为家庭伴侣,但没有人像旧金山这样承认同性恋者的结合。市政府规定,市府员工的同性恋配偶可享受彼此健康保险和退休等其他福利。今后,旧金山要举办更多的这类集体婚礼,以吸引更多同性恋游客并赚取参加结婚典礼的手续费。瞧瞧,同性恋也成了政府敛钱的一个财源,真正是市场经济,生财有道啊!

阳光下的聚会

每年的6月24日,是旧金山同性恋者的"Gay Freedon Day"(自由日),他们当然要热热闹闹游

不相信亚当和夏娃的人们

行一番，从某种意义上讲乃是旧金山的一个盛大的节日。同性恋者当然倾巢出动，其中85%是男性，其他为女性，一半以上的白人，其次是非洲人、亚洲人及西班牙人的后裔，而且1/3的人年龄在35岁以下。有位旅美华裔女作家在目击后写道："我从来没有见过这么多'娘娘腔'的男士们和那样'穷凶极恶'的女士们，一时简直呆了。有些男士打扮起来，居然比女子更多几分妩媚；有些女子，举手投足也并无丝毫女气，我不得不相信，他们之所以要闹同性恋爱可能不仅仅只是精神上的需要而已。我时常在想，说不定男女要达到真正的平等，就得先由不以同性恋为怪做起。有人说他们确是生理上就跟'普通人'不一样的，有人说他们是出于憎恶异性之故，

还记得那个晨昏之约

也许，说穿了，他们不过是一群在我们这些平常人中觉得得不到快乐，而又企图以表面上的乖张异常的行为来掩盖的一群人而已，如果亚当和夏娃所建立的榜样不能让他们心服，就给他们一个机会去创造他们自以为理想的方式，又有何不可呢?……"到底是作家，剖析的够深刻的。

旧金山有许多可爱之处，但是它最可爱的地方之一就是能容纳这么多同性恋者来此进行每年一次的大游行、大欢聚。要知道，他们中有许多人是躲在全美各地的暗处不敢见人的。

半个世纪前，美国人中的大多数只知道今天用来形容男同性恋的"Gay"是快乐活泼的意思，至于女同性恋，还搞不清是怎么一回事，甚至不认识"Lesbian"是代表什么意思，尽管同性恋从古到今已经长期存在。而今，经过多年抗争，美国社会已逐步接受了同性恋，包括夏威夷在内的一些州和城市已部分承认同性恋家庭的合法性。但是，大多数美国人仍然反对同性恋婚姻，同性恋者为了争取合法权益和名分及地位的斗争，看来还将长期进行下去。好在美国的同性恋者有充分的思想准备，大部分人都很年轻，发誓"要把同性恋进行到底"，"不获全胜，决不收兵"。

也许，这正如苏格拉底的风度——不是一种两个人就可以玩的游戏。

36

罗兰岗的房子

本书作者应邀
来到一户美国家庭
的新居作客

洛杉矶是旅美华人聚居最集中的城市之一，当我置身于华人聚居区，基本上没有出国的感觉，不会一句英语你也照样畅通无阻。举目望去，中国文字的招牌当空高挂，中国人熙熙攘攘，来来往往，中国的饮食川菜、粤菜，烧烤小吃，应有尽有。夸张地讲，你甚至要比在中国吃起来还方便。据说，许多美国人走进这种华人商业集中聚居区，因为许多店家没有英文招牌，往往被搞得"丈二和尚摸不着头脑"，反倒有了"出国"的感觉，这算不算是"反主为客"？

洛杉矶的蒙特利尔市，是30多年前华人开始聚居的地区。那

冬暖夏凉的
窑洞式住宅

时，台湾同胞开始移民美国，至20世纪80年代中期进入高峰，而来到洛杉矶落户的，按照中国人爱"扎堆"的习惯，大都愿来蒙特利尔市安居，这就"牵"出了房子问题。

谁都知道，房子、车子是构成美国梦的重要组成部分，对华人移民来讲，也不例外。当时的台湾经济起飞，房地产发展迅猛，但价格也高的让人瞠目结舌，于是，腰里掖满了钱的台湾移民初来乍到，看到美国低廉的房价煞是惊奇，连连摇头"不可思议"。旋即，蒙特利尔市掀起了"购房风暴"。台湾移民的想法是，反正得住房，租房不如买房，晚买不如早买，何况又是这么"便宜"!而此时的平均房价一幢House也只有7万多美元，在台湾是难得一见的花园洋房，

房子是构成美国梦的重要组成部分

不买白不买呀!华人的大量迁入，致使蒙特利尔市一带的房价迅速提升，到了上世纪80年代中期，原来卖7万多美元的房子卖到20多万美元，而当我2001年春来此访问小住时，平均房价已高达30多万美元。那些久居于此的"老美"看到华人移民就像不要钱白占一样来势凶猛持续长久买房购屋时，别提打心眼里有多高兴了，纷纷将已居住了二三十年的房屋卖给华人移民，拿着挣到的巨额利润来了个"胜利大逃亡"，跑到新的社区购买更好、更便宜的新房去了。

人人都认为自己得了"利"，所以你好我好，心满意足。在蒙特利尔市居住的华人移民带着好心情生活了好几年之后，"蓦然回首"，忽地发现离这里不太远的一个翻译过来叫"罗兰岗"的社区，那里的房子更靓，环境更好，而房价却比蒙特利尔低1/3甚至一半。譬如，20世纪在90年代中期，蒙特利尔的房价到了20多万美元的时候，罗兰岗的房子只卖10万美元，差距如此之大，原来认为得了"利"的又感到吃了"亏"，心理不平衡，便开始行动。又一个"轮回"开始了。这次的迁徙目标是罗兰岗，"购屋风暴"的中心又挪到那里，默默无闻的罗兰岗又在华人移民的"造神"运动中当了"新神"，眨眼间身价倍增，风光无比。罗兰岗的房子，成了人们最爱议论的话题，成了最走俏的商品。于是乎，终于明白过来聪明起来算过账来的人们将蒙特利尔的房子卖掉，再到罗兰岗去买全新的、设施更好的房子。原来的房子怎么办？那不用发愁，卖给新来的同胞移民。反正自己已经交过了学费，吃过了亏，现在总该拉个"垫背"的了。罗兰岗的房子，正逢其时，派上了用场，它吸引过来新的房主，这些房主再把蒙特利尔的房子高价卖出去。

他们说：这也符合经济理论中的"傻瓜原则"，解释一下就是：无论任何产品，也无论它多么无用，但只要你用心去推销，就一定能找到另一个傻瓜买主。如果想倒腾的话，这个傻瓜买主还一定能找到下一个傻瓜买主，以此类推。

好一个"傻瓜原则"！

好一片罗兰岗的房子！

当过"傻瓜"的也不承认自己当过"傻瓜"。

不是"精瓜"的也非要说自己是个"精瓜"。

在"傻瓜原则"的冲击下，当我在罗兰岗小住时，眼见这里的房价也被华人哄炒上去了，建了10多年的房子要卖到40多万美元。而在与罗兰岗相距只有20英里的新兴社区安大略市，同样标准的房子，全新的也只不过卖到25万美元。面对华人"造就"的一波又一波的"房产增值"浪潮，又在高价卖房的老美们暗暗窃喜：折腾吧！越折腾，不值钱的房子越值钱！当然不能说老美的房子就不值钱，但房屋的价格与价值严重背离，"爆炒"及"泡沫"的成分，应该说还是存在的。那么也许有不少人会问：为什么会有这么多傻瓜呢？而且是层出不穷，前赴后继？说白了，其实原因非常简单，许多新移民初来美国时"一头雾

要开盘的房子等待业主光临

水"，对美国并不了解，可能连"皮毛"都没有能"摸"到，再加上英文基础不好，所以工作、生活要方便，首选的落脚地往往是华人社区。当他们明白了华人社区的局限性，自己买的房子并非"物美价廉"时，往往就已经是数年之后的事情，而此时，第一个傻瓜已经当过很久的日子了。并且，在这当"傻瓜"的过程中，许多华人房地产经纪人本来就是以华人为谋生对象，为下口的"猎物"，他们的明确目的就是花言巧语、广放诱饵，在华人中赚钱，赚华人的钱，商量也宰你，宰你没商量！我还了解到的一个情况是，这些华人房地产经纪人由于在华人社会生活久了，压根儿对其他社区就不了解，从而也就没有办法和能力让你买到更新、更好、更经济实惠的住房。可怜那些华人新移民就这样被早一步到达的华人老移民"套"住，稀里糊涂当了"傻瓜原则"的交易品。而那些"洞若观火"的老美呢，在"天上掉下来个大馅饼"狂喜他们的房屋卖了个高价之后，不慌不忙在华人移民的眼皮底下来了个"胜利大逃亡"，这比起华人移民们的"胜利大逃亡"来说，当然是"小巫见大巫"了。

美国人建造的房子很讲究力与美的和谐统一

房屋昂贵,买者踊跃,于是,几日成宅,8周入住,用生产流水线制造出的房屋便"闪亮登场"了,购买组装式房屋又成为席卷美国的一种新时尚,尤其备受中等收入家庭的青睐。购房者只需登录到房屋建造工厂的网址,便可以使用网页上提供的三维图形设计软件,自由地制作自己喜欢的房屋格式。厂家根据订单在生产线上制成一个个房屋组件,然后由几辆重型卡车,拖着这些"大屋子"送到顾客指定的地点,再由顾客选定的当地房屋建造商用螺栓、插销、铆钉等组装起来。每个组件里都已经配备好完整的门窗、灯光设备、橱柜、隔断墙等零部件设施。有的房间里还铺设了预先订购好的木地板和地毯。建筑公司先像往常一样打桩和铺设关键横梁,

这样的花园洋房,足让普通的美国人家"供"一辈子

然后用起重机吊起一个个房间依次镶嵌进去。这些房间的墙壁每隔两三英尺就用一个螺钉固定到中心横梁或地基上,然后,建筑工人再将一个个零部件固定到相应的位置。这样,整个房屋的大体结构就建成了,整个过程仅用12个小时。在接下来的6周时间里,建筑公司对房屋内部进行精细装饰并完成最终的清理工作。

实际上,这种组装式房屋最早产生于20世纪40年代。那时建设这种房屋使用的材料很简单,一般由劣等木板制成,因此被人们看作是廉价的、简陋的房子,只有低收入者才会考虑。60年后的今天,人们对组装房屋的看法发生了翻天覆地的变化,他们觉得在工厂里通过机械设备一次成型的浇铸房屋组件,要比传统方式盖房更有效率和确保质量。同时,这些"房屋"都是经过长途跋涉被托运到指定地点的,一路上的颠簸足以考验这种房屋的抗震性。组装式房屋受人青睐的另一个原因是顾客可以通过先进的绘图软件

位于加利福尼亚州的丹麦式民居

和计算机技术随心所欲地设计自己喜欢的房屋结构和样式。比如说加大房顶的坡度以扩大房屋内部空间,或者根据个人喜好在房屋内部加设一些有特色的小隔断等。而依据房间设计风格一起生产出来的地板和家具也显得比那些从家具市场里购买的更有品位。除了可以自由定制房间这一特点以外,更多的顾客恐怕是被组装式房屋的价格所吸引。在美国爱荷华州的一些地区,顾客只需花47 000美元就可以买一栋很不错的别墅,而在同一地点,用传统方式建造一栋同样的房屋,大概要花费10万至15万美元。

37

客居摩门家庭

客居在摩门家庭

山不在高，
有景则名

在接受总部设在美国盐湖城的摩门教有关部门邀请前往访问时，我就提出一个要求，希望不要安排住在宾馆，而最好能让我客居摩门家庭，以便我能亲身感受、体验一下他们的日常生活。我的这种想法基于对摩门教一个最初的也是最深刻的印象，这就是他们非常重视家庭，对于如何建立一个美满的家庭自有一套行之有效的"教规"。

一位摩门教传教士曾这样阐释他对家庭的理解：人生不能回避的一个事实就是每一个人都要有一段"家庭的经历"。不论我们在家庭中扮演的是什么角色，不管你是丈夫、妻子、女儿，还是兄弟，我们都要和这些最亲近的朋友保持长久的来往。虽然我们和亲友来往中有时会遇到挑战,但是家庭始终在我们生命中占据最重要的一部分。原因很简单,友谊常来常往,但家庭却联结我们的一生。他还谈到:很多事情看起来很重要,但是家庭关系却最强烈地影响着我们的性格、自我价值的实现以及我们与外界交往的能力。

说这话的传教士(又称"长老")来自盐湖城,是杨百翰大学一年级的学生,取了一个中国名字叫尚凡宁,其时正在海外传教。摩门教总部满足了我的要求,无巧不成书的是,他们为我安排的第一户客居的摩门家庭,竟然就是尚凡宁家!

尚凡宁家是一个地地道道的摩门大家庭,住在犹他州首府盐湖城远郊一个叫 Layton 的地方。人们常说犹他州是"摩门之州",盐湖城是"摩门之城",这话不假。在这儿,有超过60多个注册的宗教组织,摩门教是当然的"老大",它的教徒占到犹他州总人口的69%,盐湖城全部居民的51%。尚凡宁的家庭,应该说就是其中很"典型"、很有代表性的一户摩门家庭。

洛杉矶摩门教徒的一个家庭聚会场面

在盐湖城机场的出口处,尚长老的父亲 Terry(我称他"泰瑞")和弟弟 Tyler(我称他"泰勒")各举着一个写着我名字的牌子,早早地就在那里等候我了。

"欢迎王先生不远万里来我们家做客!"

"我很高兴能够结识你们这样的摩门家庭!"

寒暄之后,我们便踏上了前往 Layton 的路程。

盐湖城从我们眼前掠过。

尚长老的母亲 Susanne(我称她"苏珊")在 House 的正门前迎接我,并早已烹调好一桌丰盛的西餐晚宴,摆放在正式餐厅的大餐桌上,放眼望去,色香诱人,琳琅满目,真是把我当成了贵宾来接待啊!

晚宴开始,这是我抵达盐湖城后的第一顿饭,也是我第一次目击到摩门家庭每次吃饭前祈祷的情景。所有的家庭成员,包括我这个临时的家庭成员就位后,全都正襟危坐,由泰瑞当主祈祷人,他额头低垂,双目微闭,抑扬顿挫,音色清亮地说道:"我们在天上的父……我们感谢你赐予我们这丰盛的晚餐,使我们全家人能有机会与远道而来的作家朋友相聚……我们祈求你,保佑我们幸福美满的生活……以上祈祷,奉耶稣基督的名,阿门!"

当泰瑞最后说"阿门"的时候，在座的全体成员都要跟着复诵一声"阿门"，这是规矩。

可以说，饭前祈祷，是所有摩门教徒每天必须做的事情，我后来住过的几户摩门家庭，也都是如此。在摩门教所属的杨百翰大学采访住了一个星期，每天不管是到哪个学生食堂吃饭，就餐前绝大部分师生都要端坐在那里默默祈祷，那种虔诚的神情，让人难忘。

到了晚上睡觉前，泰瑞全家就要聚集在客厅里学习《摩门经》，方法是每个家庭成员按挑选的经文顺序念一段，之后大家便一起交流心得体会，畅所欲言。

除《新旧约全书》、《教义与契约》、《无价的珍珠》外，《摩门经》应该是摩门教徒最为重要的经典经文。据称，此经典为公元 4 世纪美洲印第安人先知摩门之遗存，为旧约之补编。

一位宗教学家曾谈到：在美国无以计数的流行宗教派别中，新英格兰预言家约瑟夫·史密斯在 19 世纪创立的摩门教为我们描绘了一幅生动的历史画卷。

在这天晚上学习《摩门经》的过程中，泰瑞专门为我讲述了如下的"背景"：摩门教创始人史密斯为一城市贫民，曾受基督复临派的影响。据其自称，1820 年在纽约州帕耳米雷的一个小树林中，第一次受到上帝直接启示，得知上帝要他恢复真正的教会。他按天使的指示掘得金版一套，并借助神力将其文字译出，这就是在 1830 年出版的《摩门经》，其中宣布史密斯为先知，被委派建立后期圣徒教会。

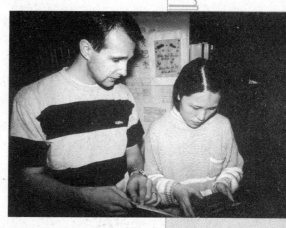

又一对中美联姻的幸福伉俪

《摩门经》厚厚的一本，几百万字，是要伴随摩门教徒一生的最为重要的经典著作。譬如说泰瑞和苏珊，每人都备有一个高档皮革做成的书套，用来专门存放并携带《摩门经》。书中用红、蓝彩笔圈圈点点，划了无数个记号，他们从小研读至今，几乎到了能把绝大多数章节背诵下来的地步。他们的这种信仰，是能够克服一切艰难险阻而坚持下来的。

到了星期天，就是去教堂吃圣餐的日子了。当然，不光是吃，教友们除聚在一起学习《摩门经》外，还有很多人自告奋勇地走上讲坛，畅谈自己的感想和"见证"，当说到动情处，不少人还会淌出激动的泪花。每到这天，泰瑞全家雷打不动，一定准时出席，就连他 80 多岁高龄的老父母，也会自己驾车赶来，与众人同享这种每个礼拜一次的幸福的"宗教时光"。

一个甜甜蜜蜜的摩门四口之家

泰瑞的父母对我说，他们家是摩门世家，是当年"西迁"队伍中的一员，这在如今的摩门教徒眼中可算是"教会重臣"，是一段无上光荣的历史。

摩门教创始人史密斯遇难后，继承人杨百翰认定摩门教无法再在当地社会的夹缝中生存，便决定再度西迁。他先后派出多批先遣队去探索新的定居点，他说："人所嫌弃的土地便是我的追求。"1847年7月24日，杨百翰率领众教徒来到冷漠的盐湖城，站在今日的开拓者广场，有力的臂膀在空中画了一个圈："不走了，此处就是新耶路撒冷的所在！"于是，摩门教徒开始在此定居，艰辛创业，安贫乐道，甚至还要付出生命的代价。1846年至1847年间就

有600多名信徒死亡，其中包括杨百翰的两个妻子。1848年重灾之后颗粒无收，只好吃野花充饥（现该花已被选作犹他州的州花）。今天的犹他州，就是摩门"西迁者"用血汗浇灌出来的，因此，他们怎能不受到人们的崇敬和怀念？

当然，泰瑞的父母也像他们的父母一样，"不吃老本，要立新功"，把好的传统辈辈相传，代代弘扬。以他两老为中心的大家庭，非常和睦，非常幸福，成为远近闻名的"楷模家庭"。

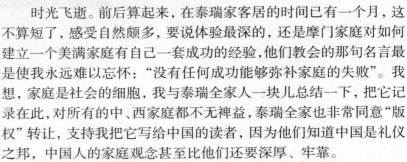

传播福音的
姑娘就是这样开心

时光飞逝。前后算起来，在泰瑞家客居的时间已有一个月，这不算短了，感受自然颇多，要说体验最深的，还是摩门家庭对如何建立一个美满家庭有自己一套成功的经验，他们教会的那句名言最是使我永远难以忘怀："没有任何成功能够弥补家庭的失败"。我想，家庭是社会的细胞，我与泰瑞全家人一块儿总结一下，把它记录在此，对所有的中、西家庭都不无裨益，泰瑞全家也非常同意"版权"转让，支持我把它写给中国的读者，因为他们知道中国是礼仪之邦，中国人的家庭观念甚至比他们还要深厚、牢靠。

我把在泰瑞家的收获，特"展示"如下——

凡事要以家庭为重心：

在你一生所有的工作中，最重要的一项是对于自己家庭所做的工作。就像获得其他重大成就一样，一个美满的家庭需要你全心全意的投入。不论我们在社会上曾经是如何的杰出，也不管我们在事业上曾经有多大的权威，随着时间的流逝，那一切都会变得不重要。惟一能持久不变的是家庭对我们的影响，以及我们对家庭成员的影响力。

虔诚的摩门
教徒赖先生说：家
庭和谐就是成功

尽可能多花时间与家人共处：

任何在外面获得的掌声与成就，都不及你对家庭投入的重要。一个和谐欢乐的家庭，才是你发展抱负与事业的基础。

交谈、沟通、倾听：

回到家时要真正做到身心都在家里，彼此互相交谈，更要养成倾听的习惯，使彼此之间能互相了解、互相关心、互相学习、互相扶持。夫妻以言行来表示对伴侣对子女的爱与尊重。良好的交谈、沟通与倾听是维系一个家庭非常重要的方法。

珍爱你的伴侣：

体贴并尊重你的伴侣，任何场合，都要控制自己的情绪，任何时候，温柔的对话可以平息再大的怒火，绝不说无理或侮辱的话。

尽可能找时间和孩子在一起：

成长中的孩子特别需要父母相随，我们应该毫无保留地向孩子表示，我们对他们的一举一动都感兴趣，我们要多向孩子表达爱与关怀，让他们明白他们在父母眼中的珍贵。

每周一次的家庭晚会：

不是每一个年轻人都要由"惨痛的经验"才学会如何面对社会。如果让年轻人能够从曾经是"过来人"的父母那里学习到正确的知识去面对社会，那不是更好吗！在每周安排一次家庭晚会，父母在家庭里做好榜样，让孩子们一起加入这个活动，全家聚在一起说说笑笑，共同讨论一些事物，探索人生

"没有任何成功能够弥补家庭的失败"

感受摩门女性的阴柔

的真谛。

全家人共享晚餐：

当子女逐渐长大，生活节奏不断加快以后，与家人共享晚餐确实是一个挑战。但收获却是巨大的。当整个家庭，尤其是晚上聚在饭桌旁，我们就能聊天、交流、分享、计划，甚至教导。

坚定你的信心：

任何时候都别对自己失去信心，只有那些把困难视作祝福并坚持到底的人才拥有真正的快乐。

父母也要坦诚面对错误：

最能表现成熟的一个特征就是值得信赖与依靠。做你想要做的，如果有任何错误，你就要承认并且请求原谅。父母不需要事事完美，他们也要坦诚面对错误，不断追求进步。

永不放弃：

很多年少叛逆的孩子最终都会长大，成为有责任心、有爱心的人。很多缺乏耐心、抱有"孺子不可教也"的态度的父母，最终都会改变自己的方式方法。腾出时间与你的家人和孩子共商问题吧！即使开始时你没有被接纳，但不要放弃，永远不要放弃！事实将证明你的真诚和爱会突破这些障碍……

泰瑞之家：
犹他州一个美满幸福之摩门家庭的"四世同堂"

摩门家庭的幸福、和谐、美满的原因绝不仅仅止于这些。美国是一个受信仰引导的国家(有人称是一个"教会精神"国家)，而对于泰瑞这样的摩门家庭来说，更是如此。他们的信仰为他们指出一个超越人的法律的道德规范，召唤他们承担比物质成就更为崇高的使命，信仰教导他们坚持高标准、爱戴他人和为他人服务，去过一种负责任的家庭生活。

离开泰瑞家，离开盐湖城的时候，是一个春雨绵绵的早上。泰瑞和苏珊起得很早，给我预备了丰盛的早餐：鸡蛋、火腿肠、生菜、奶酪、面包外加牛奶煮麦片粥。我们一起开始吃早餐，照例，要进行餐前祈祷。这次是由苏珊主持，她以女性特有的温柔与炽爱，为我这位远道而来的中国客人依依惜别地送行。我们特别记住了她为我而讲的这样的祝福之语：

"如果没有博爱，就算不了什么，所以你要牢守博爱，那是一切事物中最大的。"

此时，泪水和雨水，密密地交织在了一起……

38

浪迹街头的中国画家

纽约广厦入画来

中国画家在
纽约"练摊"

　　中国画家到了海外多少人？准确数字谁也说不清楚。大大小小的，知名的不知名的，在美国形成了一个庞大的东方艺术群体。

　　这个群体的重镇便在纽约。

　　我在街头转悠了几处画家"扎堆"的地方后，发现有半数以上来自中国，这些人用画笔、画板和七彩颜料加上被画的林林总总各色人等，成为纽约的一大景观。白天，他们在中央公园门口画；夜晚，在时代广场附近的百老汇大道画；有时，还转移到第34街的"Macy Markt"旁小试锋芒。浪迹街头的画家们有一个共识：在街头支摊子画画固然是为了生存，但在求得生存的同时绝不能放松对艺术的追求，到美国来绝不仅仅是为了当一名街头画家。

　　一位毕业于中央美院的画家在街头画摊已几度春秋。一般来讲，天气好坏决定生意好坏。遇到节假日，那就更好一点，有时人多得画不过来，真想生出三头六臂来应付。在街头画画，最HAPPY

的是有人旁观,围观的人越多越好。这好比是在当"托儿"打广告,说明画得神,画得好,想画的人便会趋之若鹜,赚个二三百美元,"No Problem"(没问题)!如果遇到天气差,收入就很少,有时还可能"剃光头",分文不进。既然天气不好,就别出摊了。这位街头画家坦言:总存在一种侥幸心理,不肯虚度光阴,时间就是Money!不画画,就没钱,雪片般飞来的房租、水电、煤气、电话bill(账单),拿什么付呀?说完把手一摊,显出一种万般无奈的神态。

这位师出中央美院的街头画家一说起美国的绘画艺术,便来了情绪,看得出,在苦苦为生存奋斗的同时,他没有忘记采掘"他山之石",借以攻玉。他谈到,现代美国艺术家与现代欧洲艺术家相比,并未创造出什么优美动人的风格来。他们创立的抽象表现主义、硬边绘画、大色域、极少主义等等,从造型语言的角度看都是在欧洲现代艺术的造型基础上发展起来的。但我注意到,美国现代艺术史不只是形式解放的历史,更重要的是观念解放的历史,这最让人受到冲击和启迪。据此,美国艺术家便把"造反精神"推进到一切方面:绘画可以不再局限于画布,雕塑可以不用固体材料制作,接着便衍生了以行动、环境和人的身体以及生活行为本身作艺术等等有趣的尝试。所有这些,对美国人心理造成的影响特别大。当艺术什么都是什么都不是的时候,人们还有什么理由要墨守成规、循规蹈矩呢?只有观念上的束缚越来越少,人才能越来越接近自己的本性,

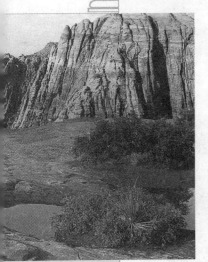

鬼斧神工,天赐佳作

才可以获得艺术创作的自由。说到此,这位街头艺术家似乎有无限感慨;艺术是一面反映民族心态的镜子,美国现代艺术中不间断的反陈规勇气反映了一个不抱成见的民族的心态,因此,我以为,学习美国艺术不妨以学习它的"造反精神"为主。

夜色深深,灯火闪亮,百老汇大道上游人如织,充满商机。毕业于鲁迅美术学院的W,拖着刚刚打完工的疲惫身影,找到一个角落迅即打开沙滩椅,铺开画具,抄起素描本又开始了艰难的卖艺生涯。W边画,边用警惕的目光打探四周。一问,才得知他没有经营执照,要随时提防警察突然检查。如果警察来了,要么迅速站入人流跑掉,损失这些"小财产";要么挨罚,一张罚单最少500美元。在这样一种状态下作画,可见他的心理负担有多沉重!但他如是说,没办法,要生存,就得敢冒险,撞大运吧。W在国内主攻油画,小有名气,还获过不少奖项。可是一到美国,这些"老本"就不好"吃"了,再加上语言不过关,一下子从"宠儿"变成"弃儿",没

人搭理。好在 W 还算有一定承受能力，抱定自己是骡子是马也要拉到美国拉到纽约这地方"遛一遛"的决心，非要来见识一番不可！他告诉我：浪迹纽约，你既要张开双手，拥抱世界上最好的；也要面对现实，接受世界上最坏的。生存不易，我为每位顾客画像时都绝对认真，不敢有丝毫马虎和怠慢，他们是我的上帝呀！实际上，生意光靠"拉"和"碰"是不行的，还要看你的艺术功底，你的真功夫。活"练"的好，顾客自然就买账，还要拿上你画的画到处招摇，"回头客"就会来不少。反之，你若要"糊弄"顾客，肯定是"一锤子买卖"，用不着警察来驱赶你，自己就得乖乖拎包走人。

在纽约，像 W 这样挑灯夜战的街头画家不在少数，有人还为此付出了生命的代价。

那日凌晨，来自中国的年轻画家林琳正在第 45 街与第 8 大道交接的一家 Hotel 门前给人画肖像时，被在夜幕里游荡的四名黑人无端挑衅，百般戏弄。林琳忍无可忍，奋起自卫。恼羞成怒的 21 岁的黑人詹姆斯·史基纳便拔枪而出，对准林琳开枪射杀。"砰！砰！"两声枪响之后，紧攥画笔的林琳在众目睽睽之下"扑通"倒地，胸口两股鲜血喷涌而出，染红画夹，染红美利坚的大地……这一射杀街头中国画家的惨案骇人听闻，轰动一时，引起美国各界正义人士的极大愤慨和同声谴责！林琳的美国梦就这样破灭了，而他来美之初，曾经抱有多么绚烂的理想和多么迷人的憧憬！

多少画家进入美国，人人都想出人头地，个个盼着跻身画坛，实现初衷者寥若晨星。丁绍光成功了，上千万美元的豪宅住着，价格不菲的作品卖着，就连他的丝网水印复制品都身价百倍，分外抢手，年年升值。然而，他的辉煌也不是天上掉下的"馅饼"，其中的酸甜苦辣，只有自己品尝到。像他这样成功的画家，在美国屈指可数，更多的画家却没有这样的幸运和机遇，面对残酷的现实，有的人连手握画笔的时间都没有，不得不寄人篱下卖苦力当劳工。好一点的才能"晋身"到街头为游人画像。"画画只是费眼力，拉客就要耗精力"，这是街头画家的口头禅。他们在街头使出浑身解数，亮出 18 般武艺，"守株待兔者"有之，"软磨硬泡者"有之，"主动出击者"有之，"巧取豪夺者"有之……而这种优胜劣汰、弱肉强食的市场竞争都在同行同胞间进行，真让人有点欲争不忍，欲罢不能，街头画家们坦承：这是为了生存的战争，是没办法的办法呀！

来自北方某城市的画家 C，从中国到美国芝加哥闯天下，寻求艺术发展空间，只考察了 10 天，就发现"此处不留爷"。为再赌一把，就精选了自己几幅得意版画送到一所美术学院，巴望得到欣赏后命运能有转机。该学院的一位教授瞥了几眼后，不无讥讽道："Sorry，先生，我可没时间更没兴趣来欣赏你这样的艺术！"C 听

人事有代谢，
往来成古今

罢，从头凉到脚，满含悲愤的泪水离开了这块美术圣地。他继而到街头叫卖他的作品，美国人大都不认版画，鲜有问津。凭卖画的收入入不敷出，在生活的重压下，C不得不痛改初衷，到一家唐餐馆当了一名Kitchenhand，每天靠洗碗糊口度日。问他的"艺术之梦"何时能变成现实？他自己也摇摇头：不知道。

来自南方某城市的画家F，到西海岸的旧金山后总想在极短时间内一鸣惊人。他背着自己最为得意的一组油画，跑了不少画廊，以求人家答应为他展销。但每家画廊精明的老板总是反问道："先生，你的经纪人呢？我们只能和经纪人来谈有关展销的事宜。"直到这时，F才明白，在美国，要想使自己的作品在任何一个画廊展出，必须要物色一个双方均可信赖的经纪人，然后通过这个经纪人把你的作品送到经纪人认为"相匹配"、有必要展出的画廊，前提条件是作者本人要付给经纪人5000至8000元美金的酬金。画家F知道后，不禁倒吸几口冷气，自己分文未赚，就要先付出一大笔酬金，怎么负担得了？没办法，只得当浪迹街头的"临摹画家"，先挣个饭钱吃饱了肚子再说。

许多中国画家走出国门前后的反差，可以想象有多么巨大！只把美国最精彩的地方告诉国人，就是对国人的一种误导。美国没有白吃的午餐，没有白捡的黄金，更多的美国土地是淡泊含蓄寂寞无声的，更多的美国人是辛勤劳作朴实无华的。美国有美国的国情，美国也有美国的问题。中国画家怀着许多不切实际的想法碰壁之后，但愿能早日醒悟过来。事实上，"浪迹街头"也是一种醒悟，他们用自己的艺术劳动在为自己进行资本的"原始积累"。这有什么不好呢？总比一口想吃个胖子没吃成反而差点饿死要强吧？

丹青"染"绿曼哈顿

浪迹于巴尔的摩市的画家S，除了在街头画画外，还当上了一家中餐馆里端盘子的伙计，店老板是早年从广东来的移民，很同情画家S的处境。不久，混熟了，画家S恳求老板能让他把来美国后创作的水粉画佳作挂在餐馆四壁，一来增加艺术氛围，二来也许能碰到商机。老板同意了。翌日，他的水粉画登上"大雅之堂"。不久，陆续就有顾客愿意掏钱购画。半年间，卖出30余幅，赚了5000多美元。再后来，一家艺术品拍卖公司的老板来此就餐，看上S的画，就同他商量：你的水粉画不错，有市场，有潜力，我们拍卖公司愿与你合作推销你的作品……画家S听罢，眼眶里涌出泪花。不管怎么说，这也算是一个不小的成功吧！

39

"乡间艺术"新崛起

阳光下的琴女郎

受人青睐的
乡间艺术馆

　　美国人对艺术，尤其是"新、奇、古、怪"的
艺术抱有浓厚兴趣，这从一个侧面反映了美国人性
格和他们的生活方式。

　　当历史跨入21世纪，不少美国人越来越着迷于
"乡间艺术"，并认为它可能会成为新世纪"文明农
业"的"先声"。

　　如今在美国艺术界，"乡间艺术"泛指诸如乡村
雕刻、瓜果造型、庄稼组画和农作物写实的景观之
类，也有学者试图为它这样定义："乡间艺术"必须
是原始的、朴素的、野外的、通俗的、民间的、土

乡间艺术家
的"飞行集会"

气的、方言的、民族的、无学究气的……而美国民间艺术博物馆馆长则认为：这种艺术太难定义了，它属于新时期的文明农业，它使人们不知所措。对此，"乡间艺术"的倡导者和实践者，在一个农民协会任职主席的格雷克是这样表述的："乡间艺术"之所以难于定义，是因为这样的艺术在美国历史上前所未有，我认为这是21世纪文明农业第一家。

格雷克说的是大实话。如果我们翻开20世纪美国美术史，尽管五花八门，林林总总，譬如雕塑艺术、波普艺术、抽象艺术、动态艺术、观念艺术、现代写实艺术、后现代主义艺术等等，但却没有看到"乡间艺术"的踪影。美国一位资深画评家在评论20世纪80年代美国画坛作品时说："这中间大部分是过去风格的模仿，除了极个别的例外，我们看不到特别的探索作品。"也有人为此辩解：但如果因此就说当代艺术家不肯创新那是不合理的，艺术家什么时候肯放弃创造呢？创造从来就是艺术家的天职。只能说，当代艺术家的注意力从新形式的创造转到新意义的创造方面去了。

这句话看来只说对了一半。因为"乡间艺术"的兴起，表明它是新形式与新意义相结合的"双重创

大街上的"石头艺术"

造"。它不同于摩西奶奶的风景画，巴拿马服饰和印第安人的风标，

洋为中用

也不跟随画家一块儿对艾滋病、社会暴力、堕胎、同性恋、女权主义等事儿操心。它以乡村雕刻、瓜果雕塑、庄稼画等形式酿成艺术新潮而受到人们的青睐与推崇，被誉为"返璞归真而又跨越世纪的农业文明"。

辛辛那提州的玩具设计师梯沃德尔在农场干过一阵子，每天和瓜果蔬菜打交道，但他作为玩具设计师，满脑子都是艺术造型。有一天他突然开了"窍"：真是身在宝山不识宝，为什么不能拿这些长满田野可以食用的蔬菜瓜果来塑造人物形象呢？经过一番探索实验，他把乡间植物造型艺术——"瓜果塑造人物形象"的发明权紧握在了自己手中。他说，植物栽培具有一定可塑性，这就是人们一直未给予重视的草根艺术。他第一次试验是将一棵菜苗植入瓶子和管状器皿中，这些幼苗成熟后便形成管状。接着，他又在可口可乐瓶中培植南瓜获得成功，收获的南瓜就像是一个可口可乐的瓶子，但它是南瓜，可以吃。如今，他的艺术造诣已经"升级换代"了，各种蔬菜瓜果只要一经他摆弄，就能"变"成一张张生动逼真的人物脸谱，而塑造名人脸谱则比一般人物更能产生艺术感染力，惟妙惟肖令人拍案惊奇，啧啧称好！譬如，尼克松的大鼻子、克林顿的特型嘴巴、甜瓜里根和南瓜撒切尔，还有黄瓜雕塑成的

印第安人图腾物

心形钻石，玉米和茄子塑造成的野兽耳朵和顽皮儿童。梯沃德尔把他的瓜果艺术品摆到农贸市场上出售，一下子增值好多倍，顾客喜爱，非常抢手，而且大多数买回去舍不得吃，当艺术品给"供"起来了。梯沃德尔发了瓜果财，也不知道美国的总统们是否找他讨要过自己的肖像版税费？

还是前面提到的那个格雷克，站在方圆500英亩的农场田地中间，这是一件未完成的巨型"农作物风景"艺术品，一片正在生长的由高粱组成的"迷宫"，中间辟有专门供观赏者行走的九曲连环小路，这些路都是"迷路"。虽然青纱帐目前只有3英尺高，成熟时就会长到8英尺高，那时就是一件完美的艺术品了。实际上，"迷宫"刚播种后就有络绎不绝的游人来欣赏这一艺术了。格雷克还养着一群母牛，种植着各种水果蔬菜与花卉，这都是他塑造各种景观艺术的"颜料"与"材料"。在他的作品中，或美国国旗、或纽约州旅游标徽，在飞机上 这些风景作品尽可一览无余。格雷克怀有雄心大志，正在努力为自己和当地农民寻找新世纪发展途

径，革新办法之一就是通过农作物艺术创造文明旅游农业、休闲农业和景观农业。在他的号召下，当地许多农民已经开始抛弃传统，尝试着当"农民艺术家"，有位老兄创作了一个从头到尾长200英尺的绿色的"黑安格斯牛"，创作方法是在牛的轮廓线内种上红花草，在其周围则种上另外一种绿草以示区别。另外一些农民则在乡村雕刻、瓜果塑造、农作物风景和庄稼画等乡间艺术的创作方面都有尝试并取得良好的经济效益。格雷克颇感欣慰："是的，人们正在给农业重新定义，它的实施对这些没有得到任何外部资金帮助的农民来说，所需费用微不足道。人们没有把农民当作艺术家，但他们的确是名副其实的乡间艺术家。"

大盐湖：启迪艺术灵感的地方

出生于农民世家的赫德被誉为"庄稼画艺术"的开拓者。他根据凡·高名画《向日葵》在故乡土地创作了一幅20英亩大的"向日葵庄稼画"，画面中的葵花由10多英亩盛开的向日葵构成，花瓶由蓖麻组成，连绵的大豆地就成为画中的台桌布，一时引起很大轰动。赫德醉心创作，其乐无穷，他以深褐色的土地作"画布"，以青草、红花草、花卉、玉米、南瓜当"颜料"，以拖拉机、铧犁、修剪枝叶的机器为"画笔"，在广袤的农田里"种"出一幅幅生机盎然的庄稼艺术画，这些画面小则几英亩，大则几十、几百英亩，如在飞机或高山上，人们可以尽情领略它那无穷的艺术魅力。为"种"好每幅庄稼艺术画，赫德总是把构想绘在坐标纸上，乘小飞机察看"画布"，然后再按坐标耕地、播种、铲草、修饰，一般完成一幅庄稼画大约要用90天的时间。气魄宏大的"庄稼画"艺术妙在画面景色随光线、气象、温度、季节的变化而变化，真正是日新月异，令人百看不厌。

"乡间艺术"在美国兴起，验证了艺术大师罗丹的那句话："美是到处都有的。对于我们的眼睛，不是缺少美，而是缺少发现。"

西部乡间画家笔下的佳作

40

魅力雕塑

传达雕塑艺术的吹号天使

华盛顿积淀了美利坚文明。

徜徉国家大草坪,感受到这是一座到处可以看到魅力雕塑的城市。其中最精彩者就是郝什霍恩艺术馆和雕塑花园,这两处被誉为"20世纪雕塑作品的荟萃之所"。

幼年时期的郝什霍恩特别喜欢画片,还常把从街头拣来的画片贴在床头,这是他艺术收藏兴趣的源头。后来,他"下海"赚了,随着财富的急剧增加,他的艺术收藏一发不可收拾。画家诺尔登第一次在纽约办画展,郝什霍恩就买下他3幅作品,雕塑家史密斯一生共售出80件作品,其中11件买主是郝什霍恩。郝什霍恩以其出色的艺术鉴赏力闻名于美国美术界,他收藏的艺术品常常在极短时间内跃出"龙门",身价百倍。有人劝他当"艺术商贩",他会勃然大怒:"别再跟我说用艺术品换钱的事,我收藏不是因为钱,而是因为我热爱艺术"!铜雕《母亲与手推车中的孩子》,是郝什霍恩

求学有期,艺术无涯

以30万美元购得，当时他曾说，这样的价格要是让他母亲知道了足以吃惊得从坟墓里跳出来！ 1966年，郝什霍恩致信国会，希望接受他的捐赠，他愿将全部艺术收藏品（4000件绘画，2000件雕塑）捐献给美国人民，并愿出资建造一幢艺术馆永久陈列，国会批准了他的请求，随后便有了艺术馆和雕塑花园的问世。

艺术馆于1974年向公众免费开放后，郝什霍恩继续注入新的艺术收藏品，到他辞世之时（1899—1981），收藏品已超过6000件。馆内陈列的多以中小件雕塑、绘画为主，郝什霍恩最令人拍案称绝的大型雕塑收藏则完全展现在雕塑花园里。其中大部分是青铜雕塑，也有一些是钢铁雕塑，代表作有《加莱义民》、《巴尔扎克纪念像》等。

钢铁艺术的
柔嫩之美

美国雕塑的现代化进程比绘画要晚。在20世纪头30年，美国雕塑界没有出现过特别杰出的人物与作品，虽然，此时美国画家开始学习欧洲现代风格，雕塑家中也有人开始关注并留意欧洲现代雕塑，但在探索之路上迈出的 步履要小的多，吸收过程也显得颇为谨慎。正因为如此，抽象或具有浓烈现代风格的雕塑几乎没有出现，主要改变的仅仅是在具象基础上对形体所做的适度夸张变形。也许，此方式使得艺术家即可不保守与传统，又能不突然脱离传统。这种兼顾新旧两头之过渡手法成为美国雕塑在那一时期的主要趋势与基本韵调。

一直到了史密斯（1906—1965）焊铁抽象雕塑出现，美国现代雕塑才算迎来艺术的春天。美国抽象雕塑正是由于有了史密斯的

还原历史：长着
巨型鸭嘴的恐龙

开拓才建立起来。史密斯从学习欧洲现代雕塑起步，触类旁通，独有新创，很快便进入"黄金创造阶段"。在与他同辈的艺术家中，没有人能像他那样集欧洲现代雕塑成就之大成，并将其继往开来，再创出新的辉煌。是的，作为一个有成就的艺术家，把欧洲现代雕塑语言和机器时代的基本材料铜、铝、钢、铁等等结合在一起并非他之首创，但他却将此发挥到了"极致"，并使此创作方式在美国卓然成风。史密斯使美国现代雕塑从零碎尝试进入手法完备的现代创作阶段，他那些在欧洲结构主义基础上创作的钢铁抽象雕塑为美国现代雕塑建立了一个完整、广泛的平台，并打下坚实、深厚的基础。

20世纪20年代，毕加索与另一位西班牙艺术家冈萨雷斯第一次开始用钢铁并以焊接为手段创作雕塑，这种新手段、新材料堪称20世纪雕塑领域的最大革命。当史密斯获悉后，幡然会心："这可是我能做得了的事呀！"原来，史密斯年轻时曾在汽车制造工厂工作过，稔熟锻造与焊接技术，加之他出身铁匠世家，钢铁是他最熟悉、最喜欢和最擅长把玩的材料。他觉得钢铁这种材料厚重有力度，蛮横且冷酷，对付起来得心应手，最有办法。更为重要的是，史密斯意识到这是过去从未用于艺术的材料，它恰恰又与这个工业化时代的气质和特征（诸如力量、结构、扩张、蛮横、刚强等等）相吻合。有了如此这般的"钢铁情结"，当史密斯于1933年的一个用焊接手段创作出的钢铁雕塑问世之后，他终其一生把他的创作牢牢地扎根于钢

与时代广场上的雕塑"亲密接触"

钢铁雕塑前的钢铁情结

铁青铜之中。史密斯工作室不像一个艺术家画廊，更像一个钢铁工厂，他的作品因而也就像钢铁工厂制造出的产品，而非艺术家画廊里的摆设。没有哪一个艺术家能像史密斯那样把艺术语汇和工业社会的基本材料结合的如此紧密，如此妥帖，如此艺术！

此后，美国的雕塑才和绘画一样不断脱出窠臼，迈向新的高度。艺术家不再感到他们是在再现现实，而实际上更是在创造现实。美国雕塑家不仅创立了新的流派风格，而且尝试如何超越雕塑形式本身探讨并实践艺术外的问题：艺术和生活的关系，人与空间的关系，人存在的本质等等。和绘画发展一样，对这些问题的探索导致雕塑超越"原始"进而发展成为许多似乎不属于雕塑的东西。美国著名艺术评论家莉帕德就此评论说："这些雕塑可以被放在自然、科学、戏剧、舞蹈、文学、环境等题目中来讨论。它们甚至可以说什么都是，然而恰恰就不是传统意义上的雕塑……"

雕塑魅力无穷，其感染作用跨越时空，不分种族，难以用金钱估价。

雕塑城市就是雕塑魅力

41

黑手党不是传说

"黑手党"不是传说

地狱与天堂

"灰狗"是一家美国长途客运公司的注册名称，以车票廉价而著名，许多美国"草根阶层"出远门都愿坐"灰狗"。如果想体验美国"三教九流"的生活，不坐"灰狗"将是莫大遗憾。我从犹他州首府盐湖城到位于内华达州的赌城拉斯维加斯，就是乘"灰狗"前行。而我在"灰狗"上大有斩获，这就是听到一个毛骨悚然的关于美国黑手党的故事。听完这个故事，感到有任何人若想用除赌博以外的任何方式打拉斯维加斯赌城的"鬼"主意的话，那便是："NO WAY"!

赌城里，赌桌如云，倚桌成富。一拉"老虎机"（又称赌博机）杠杆，改变一生！成千上万的人夜以继日地进行"马拉松赌博"，而那些耗巨资用金子打造起一个个豪华超级赌场的老板自然赚得脑满肠肥，笑得合不拢嘴，点钱都点不过来。赌场每时每刻都在发生百万富翁与穷光蛋之间的角色转换。每天赌资到底是多少？天文数字谁也说不清楚。有人坦言："赌城与人交流的是人的贪婪和崇高、怯懦和大胆，压抑和遁逸，以及某种更高形式的虚伪。"有人定义："赌场喜欢将相悖的——模糊和清晰，俗艳和俏皮，世故和哲理，赌场和赌客，赢家和输家，揉和成一体。"于是乎，美国人及来美国的人潮水般涌向赌城一试身手碰运气，每天通往赌城的15号公路上车辆长龙甩动，川流不息。到了周末，双向多车道高速公路常常还会发生大塞车。滚滚车流中，众多的"灰狗"扮演主力角色，"赌情"急，"灰狗"更急！

故事中的角色终于登场。

四名发财无路的年轻人，眼见每天飞驰在赌场路上的大巴载满携带大笔现钞的赌客，灵机一动，觉得发财的机会有了。四人策划于密室，推演几多日夜，最终决定以武力抢劫前往赌城的"灰狗"大巴。

这日，艳阳高照，阳光明媚。三个年轻人，贾森、瑞安、阿伦，互装不认识，登上一辆由洛杉矶开往赌城的"灰狗"大巴。另一年轻人布赖恩，驾驶小轿车跟在"灰狗"后面。"灰狗"里座无虚席，

"灰狗" Bus

这是一次平安的旅行

通往拉斯维加
斯的高速公路

象在美国意味
着什么

每个人包里都揣满现金，准备到赌城"拼搏"。车行驶到半路，说时迟，那时快，三个年轻人突然站起，各掏出一把乌黑闪亮的手枪对准乘客。贾森用枪口顶住司机，瑞安警戒车尾，阿伦一手拎着口袋一手扣着扳机对乘客呵斥道："不许动！都放老实点儿！我们只要美元不要人头，谁要不识相，就别怪我子弹不长眼！"

"识相"的司机赶紧通过麦克风恳求："为了安全，请大家配合，把所带现金全部交出，到达赌城后，本公司定将根据每人被拿走的金额如数补偿。"乘客听罢，不大相信，但看到手持武器的劫匪眼睛已迸出血光，心想钱再重要也不如命重要，就一个个俯首贴耳把美元、金表、项链、戒指纷纷掷入劫匪口袋。贾森看到大功告成，便责令停车。司机很乖，立即把"灰狗"停靠路边并开启车门，三名歹徒鱼贯而下，一溜烟钻入后面接应的布赖恩小车，飞驰而去。

这时，"灰狗"司机稍微镇静下来，面对所有惊魂未定的乘客又说："我现在报警，请你们立即将个人损失金钱写下数额，我会马上通知公司给各位送来现金。由于你们受到意外恐惧和惊吓，我谨代表公司向各位深深致歉并亲切慰问！公司将会在补偿各位被抢劫金额之外，另行补偿给每位1000美元'受惊吓费'"。众乘客感到这真正是有点"大难不死，必有后福"的味道了，长长舒气。

20分钟后，联邦警察驾直升机降落现场，又是问询录音，又是调查取证。之后，"灰狗"公司有关人员带着运钞车及全副武装的保安火速赶来，立刻就在高速公路边上开始理赔。乘客们自己报上刚才损失的金额，在一份单据上签好大名，马上就如数领到理赔现金。"灰狗"公司完全凭乘客的信誉说话，报失多少钱就赔偿多少钱，然后就是再三道歉，每人馈赠1000美元"受惊吓费"。接着，"灰狗"鸣笛上路，在耽误了一段时间后，这辆有惊无险钱财失而复得的"灰狗"载着乘客终于抵达赌城。赌城老板们当然高兴，因为"灰狗"公司迅速理赔就是按其旨意行事，钱当然也是老板们出的。赌城老板有一个共同默契，那就是不能让任何一位来拉斯维加斯赌城的人在路上遇到打劫而孤立无援，束手待毙，必须施以援手给予救助，从而让他们感受到赌城老板"以人为本"深切的人性关怀。

却说四个年轻人抢劫到近百万美金，狰狞的狂笑撒了一路。回

赌场就是战场

拉斯维加斯之夜

波谲云诡的荒芜小镇

**纽约凯旋门里
的"世贸中心"**

到洛杉矶后，马不停蹄就打"飞的"前往欧洲疯狂消费，吃喝玩乐去了。痛痛快快享受了半个月（也是暂避"风头"），打听到警方没什么动静，就悄悄潜回了洛杉矶。

一周过去，平安无事。

两周过去，仍然平安无事。

这天晚上，贾森和阿伦去一高尚区吃法国大菜，酒足饭饱后，回到汽车跟前准备走时发现：车胎全部被扎了。二人正在疑惑犹豫之际，眼见几个彪形大汉手持武器冲了上来，还没等反应过来，两人就被铁钳般的手擒住像逮小鸡似的，塞进一辆"悍马"车内，到了车里就立即被手铐铐住，捆了个结结实实，双眼也同时被黑布紧紧蒙上。面包车行驶了大约两个小时，左拐右拐，上桥下桥，又开了半个小时，终于停了下来。两人立即被带进一家工厂，里面灯火通明，马达轰响。站定后，两人被彪形大汉摘下蒙在眼睛上的黑布，恢复视觉，定睛一看，才发现这里原来是生产狗食品的罐头车间。就在两人奇怪为何要把他们带到这儿时，一彪形大汉手拿两个小纸团走了上来，让他俩抓阄儿，贾森抓后打开一看是"YES"，阿伦抓后打开一看是"NO"。两人拿着纸条愣在那儿，不知道这葫芦里到底卖的什么药？！正疑虑重重时，几个彪形大汉围上来，看过纸条后，立即给贾森解绳下铐并命令道："把衣服全部脱掉！"这贾森也是久经沙场的老手，心想无非是被痛打一顿，遭受皮肉之苦，但好汉不吃眼前亏，也就乖乖服从命令。周围彪形大汉见他已是赤条条一身无牵挂，二话不说架起贾森十分麻利地就扔进了制作狗食品罐头的投料槽里，只听一阵撕心裂肺的绝望嗥叫，转眼之间，贾森已经进了罐头盒中，成了狗儿们的美味佳肴。

　　阿伦看到这恐怖情景，早已吓得魂飞魄散，屁滚尿流，瘫痪在地。几个彪形大汉走了过来，架着阿伦就把他拖到旁边一间 office 里，里面老板台边端坐一位发福的中年男子，缓缓地说："看见了吧？这就是抢劫'灰狗'巴士的下场！"说完使了个眼色，摆了摆手，阿伦就被彪形大汉们拎了出去。刚刚出门，就见一个大汉用一柄锋利的杀猪刀非常熟练地将阿伦的两只耳朵连根割掉，还没等他嚎出声来，又是稳、准、狠的一刀，将他的鼻子削了下去……

　　数小时后，阿伦被送回到法国餐馆停车场自己的小轿车旁，"扑通"一声扔了出来，彪形大汉们吹着口哨，从从容容驾车离去。

　　十几天后，联邦警察接到了报警：在洛杉矶某偏僻海滩发现了三具被人用严酷私刑处死的年轻人尸体。当地传媒就此报道："联邦警方称：根据现场调查，这三名被剜去眼睛，砍去手臂的年轻人，应该是黑手党实施私刑所为。另据此间权威人士推测，此三名年轻人之死大概与十几天前15号公路上的一辆'灰狗'巴士被劫案有关。……"

　　至此，黑手党已经不是传说。

　　拉斯维加斯赌城一家著名赌场的大老板说："我们在制造迷人的时刻，赌客一生中最美好的时刻，自以为无所不能的时刻……"

别说"找不着北"

那么，黑手党制造的又算是一种什么样的"时刻"呢？

42

美利坚伤痕

坚船利甲与超级大国

反思在星条
旗下

　　美国历史上只有两次大规模的国内战争，即独立战争和南北战争，历时都不长，但投入国外的战争倒不少，除了两次世界大战，美国在韩战与越战中阵亡的士兵最多，吃的苦头也最大。

　　越战后，在越战期间担任美国国防部长的罗伯特·麦克纳马拉在其回忆录《回顾——越南战争的悲剧与教训》中表示了深深忏悔："人们总是事后比较聪明，这一格言在时间的走廊里，在许多人身上，在许多情况下和许多时代中不断回响。人无完人，我们也难免会犯错误。我不得不带着痛苦和沉重的心情坦白承认这个格言也同样适于我和与越南有关的一代美国领导人。"

　　在美国，反思越战的不知有多少人。美国文化界的人士就坦承：越战促成了当代美国流行文化的巨变。当越战已成为一种历史象征，艺术家用它来反映美国社会不断变幻的观点，而对反传统英雄的崇拜则依然占据着主导地位。

正视越战的第一部好莱坞大片是《猎鹿人》。片中，被俘的美国士兵参加一种令人毛骨悚然的游戏：俄罗斯轮盘赌，即在左轮手枪中仅装一发子弹，然后转动旋转弹膛，用枪口对准自己的头颅并扣动扳机。该片虽然是在越战结束后的第三年才问世，但那种残酷的场面仍然深深地刺痛观众。由此片引起的争议反映出越战在美国社会中"播"下的裂痕。对于青年或老年，富人或穷人，白种人或少数民族来说，越战都是莫测的鸿沟，成为加速当代流行文化进行嬗变的催化剂。

越战在小说家、电影人、音乐家和喜剧演员中引发了一个充满偏执怀疑，充满悲观惆怅的时代。战争困扰了一些艺术家，却为另一些艺术家带来灵感。一位知名艺术家这样表白："越战改变了一切，因为它改变了我们看待一切事物的方法。这场战争如此刻骨铭

刻在美国土地上的"伤痕"

心，人们情不自禁要创造出伟大的艺术家。"

时至今日，美国文化圈里的朋友还在津津乐道：代表这场反正统文化的流行艺术家偶像们都是由越战塑造的——约翰·列侬在和平音乐会上的表演；穆罕默德·阿里因为拒服兵役去越南参战而被剥夺了重量级拳王桂冠；曾在101空降师服役的吉米·哈德利克斯在音乐会上的"主打"保留曲目就是《机关枪》，而他对《星条旗永不落》的演绎在青年人意识中打下深刻烙印；科波拉在拍摄《现代启示录》时起用汉森模仿哈德利克斯为影片配乐，重视这位逝去的吉他手的粗犷风格，可以说，越战激发的艺术进一步助长了各阶层人们的反战情绪。在越南，炮火中的美军士兵是迪伦·杰雯逊和哈德利克斯最虔诚的听众，当活着的人返美后，竟然无法区分"越战老兵和摇滚老将"。在国内，音乐家是反正统文化的代言人，当罗伯特·肯尼迪因反战在洛杉矶遇刺的那个晚上，克罗斯比连夜奋笔疾书创作出《长日已逝》。当内尔·杨得知国民卫队杀害了4名肯特州立大学反战的学生后，他满含悲愤写下《俄亥俄》，并很快在电台播出，获得热烈响应……

笑脸朝阳里，
莫说兵戈事

"这场战争刺激了艺术家"。导演亚瑟·培恩如是说。他拍摄的《小大人》就出自他对越战的愤怒，"它使人感到愤怒、沮丧、纠缠不清。伟大的艺术并非是在今天这种祥和满足的日子里创造出来的，而是在情感深受折磨、一切都处于混乱状态时产生的。"不仅如此，越战还激发了新的尖刻辛辣讽刺作品的流行问世。"星期六现场直播"和"全国讽刺"的"始作俑者"都是在反战运动高潮成长起来的年轻喜剧演员，对他们而言，任何权威和战争都是敌人，就好莱坞来说，对越战的刻画远比二战题材要阴暗得多，揭露和剖析的意识显而易见。很多人说，这似乎准确地反映了社会中流行的看法，起到"推波助澜"的作用。《逍遥骑士，愤怒的公牛》编撰者皮特·毕士金德就曾说过："在《出租车司机》、《警探哈里》、《总统班底》这类影片中，几乎所有的人都对政府失去了信任。这些影片共同特征是你无法期望从政府那里得到正义，你必须得自己伸张正义，这一切都与越战造成的伤痕有关……"好莱坞对越战重新飞扬起的兴趣是以《兰博：第一滴血》获得极大的票房成功为标志。这部影片的成功带来了一系列新的越战片的诞生，其中包括大胆反战的《野战排》，这部电影好像在华语地区也上映过，给观众留下的印象是深刻而又动人心魄的。

写到这儿，我又想起，在美国华盛顿越战阵亡将士纪念碑前，我曾听说，当初建造此碑的想法是一名前陆军下士吉恩·赛格罗思在战后萌发的，拟议中希望纪念碑要成为美国社会中的一个鲜明形象，不管最后建造成什么样子，最基本的要求是：对于越战，碑身上不要有一个字的介绍和评价。但是，现实生活中，做到这一点恐怕比登天还要难。

在美国流行音乐界，越战支持者与抨击者之间的"战斗"在战争结束10年后仍然没有停息。那年，当里根总统竞选连任时，《生于美国》的专辑适时问世，其主打歌是以一个充满怨愤的越战老兵的口吻演唱的，封面设计是站在一面巨大美国国旗前的作者本人：布鲁斯·斯普林斯廷。对于他截然不同的态度和反映说明，流行音乐形象投射到不同政治领域里的人们身上具有截然不同的含义。有相当一部分人认为《生于美国》是对美国参加越战的鞭笞与控诉，而还有一些乐迷却称赞这首歌是对爱国主义的弘扬。更有不少人感叹：在今天这个年代，流行音乐由少年偶像统治，电影注重形式而非内容，越战是否还影响着流行文化的创作？岘港与顺化是否也像葛底斯堡和凡尔登那样遥远？那样有着一种挥之不去百缠千绕的情结？

事实上，许多越战时的年轻人如今已老之将至，他们的孩子也长到了当时他们那个年纪，他们都对越战充满了神秘感，有着巨大的兴趣，他们多想知道那个时代是怎么回事，他们说，让他们震撼的不仅仅是今天反对遗传工程的抗议活动或抵制世贸会议的西雅图示威。他们是历史的孩子，他们怎么能忘记历史呢？

这正如同演艺界名流，曾运筹策划过反核试验音乐会"不要核武器"的丹尼·哥德堡所说："那场战争已经结束，但它燃起的文化战争今天还在继续。越战留下了一个巨大的阴影，直到80岁时，我们还会争论谁对谁错……"

那场战争不是梦。

风景如画，江山不老春又归

白云无尽时，
绿地姊妹花

43

走出美国

呵护星条旗

东方来的和平之鼎

　　跨越美洲大陆的采访结束了,当我搭乘挚友解先生和夫人的轿车抵达洛杉矶国际机场候机楼时,凭窗眺望,已是星光灿烂,月上中天,整个巨大的城市辉映在阑珊的灯火之间,若明若暗,若隐若现……

　　解先生和夫人都是虔诚的摩门教徒,在我办理完一切登机手续之后,便为我做了一个很正规的祝福和祈祷。仪式完毕,我抬起头,睁开眼睛,在旁边注视了这个过程的一位美国乘客,送给了我一张印制精美的"美国箴言",那上面写着:"In God We Trust"(我们相信上帝）。"上帝"之于美国和她的国民，竟是这样的广泛而亲密！

美国的一位名流曾说他们的国家"是一块上帝钟爱的土地"。经过两个多世纪的开发建设，昔日的穷乡僻壤已经荡然无存，美国成为世界头号的超级强国。随之而生的，便是千千万万男男女女的美国之梦。梦与人，人与梦，依情景而相伴，如形影而相随。啊，美国梦，到底是天堂之梦？抑或还是地狱之梦？一位来过美国几十次，在美国工作过多年的德国新闻人洛尔夫·温特尔，经过几十年的考察和思索之后，由美国的崇拜者变成了美国的批判者，他这样写道："美国不是一块'上帝的乐土'，而是富人的乐土。"

走出美国，走不出的是用生命对它的阅读和思索。

当我行走在这片辽阔的土地上，落基山脉逶迤起伏，绵亘千里；密西西比河源远流长，奔腾不息。我想到哥伦布发现美洲新大陆后的"多米诺骨牌效应"。我想到"五月花"号横渡大西洋的万种艰辛。我想到殖民统治者屠杀印第安人的凶残和掳掠大批黑奴的暴戾。我想到"不自由，毋宁死"的声声呼号。我想到莱克星顿民兵揭竿而起催生的独立战争的风暴。我想到《独立宣言》诞生的摇篮同时也是激动人心的自由钟第一次敲响的地方。我想到《解放黑奴宣言》驱散乌云迎来阳光的照耀。我想到"无产者同盟"的创立。我想到"劳动骑士团"的出征。我想到1886年5月1日芝加哥工人的大罢工和1909年3月8日芝加哥女工的大罢工"成全"了如今两个国际性纪念节日。我想到"金钱像玫瑰一样美丽"的夹在水泥森林之中的华尔街。我想到控制了美国3/4工业资产的"500强"。我想到"电视改变了政治"的总统竞选辩论。我想到庞大的被称为"帝

美利坚的丰碑

通向地狱还
是通向天堂

王的陵寝"的联邦调查局大厦。我想到总是拖着死亡阴影的枪文化是那样根深蒂固不可动摇。我想到同性恋与艾滋病愈演愈烈。我想到泛滥的大麻、可卡因、海洛因在不断地制造新的灾难。我想到新的谋杀形式与纵火案。我想到越来越多的雇员步步行动都处于"探头"的监视之下。我想到惠特曼挂在草叶上的梦境。我想到克利夫兰摇滚乐博物馆里的追求与反叛。我想到阿灵顿国家公墓里23万块石碑和碑上最简洁的铭文。我想到拉什莫尔山美国4位著名总统的巨大头像。我想到密苏里州进入西部的圣路易弧形拱门。我想到盖迪斯堡南、北交战时惨烈厮杀的历史画面。我想到用双筒猎枪自杀的诺贝尔文学奖获得者《老人与海》的作者海明威。我想到弗尔杰·莎士比亚图书馆里环顾世界的眼睛。我想到弗农山庄陈列的一把军刀上"护国拔剑"的镌文。我想到犹太女诗人艾玛·拉扎勒斯写在自由女神像基石上的壮丽诗篇。我想到当今世界上最喜欢结婚又最容易离婚的人们。我想到艾尔维斯·普雷斯堪（摇滚乐巨星猫王原名）名号不死疯狂的共鸣永在。我想到密西西比河上黑人兄弟的声声咏叹。我想到科罗拉多的枫叶染红了连绵不绝的高原。我想到阿拉斯加美艳的蝴蝶随风而去。我想到得克萨斯的牛仔既有两肋插刀的哥们义气

宗教文化垒起的殿堂

又有极擅调侃的幽默之感……啊!我还想到了恐怖分子用"飞机炸弹"在五角大楼留下的累累伤痕。我还想到世贸中心的幸存者披露的生死时速的逃生内幕。我还想到世界超强的美国国民必须生活在风声鹤唳之中随时准备面对恐怖袭击。我还想到寰球再无绝对安全，"9·11"事件改变了美国，改变了整个世界……

走出美国，走不出的是"第三只眼睛"对它的扫描和记录的画面。

只把美国最光明的或最黑暗的或最纯洁的或最肮脏的地方告诉读者，都是对读者的一种误导。美国就是美国，既不是天堂也不是地狱，在这里，你既要伸开双臂拥抱世界上最好的，又要面对现实接受世界上最坏的。一位作家在漫游美国120天后说："我不明白美国，我越看得多，就越是不明白。"另一位作家直言不讳道：美国"有着各种可怕的着色糖衣迷药和不可抗拒的神秘魅力"，它本身"有点像迷宫"。一位留美学生的现身说法则是："站在街头道听途说，看看高楼大厦，是无法深入了解美国的。"一个报告文学作

家深深感叹美国是个谜："它和我们隔海相望，几乎在地球的同样纬度上，却和中国那么不同，真实的美国，比想象中的复杂得多。"不过，以我访美的观感，中国人重新深刻认识美国，远比美国人重新深刻认识中国容易得多，因为美国多元文化中就包含了中华文明，而且旅居美国的中国人远比旅居中国的美国人要多得多。对此，一位中国旅美著名学者的女儿写出了自己的感慨：

中国的大门打开之后，到美国的学子和各类人员愈来愈多。凡是到过美国的，都乐意谈论美国。尽管对美国的认识差别极大，有衷心喜爱的，有十分失望的，有爱恨交织的。不管怎样，总是喜欢评述它，因为它毕竟是个巨大的存在，对人类生活产生着无与伦比的影响的存在。美国虽是透明度最高的国家，但要真正了解它，也并不是容易的事。有些在美国司空见惯、极为平常的事，父亲却觉得特别可贵，如 How do you do、Excuse me 等口头语，他就觉得这是一种生活之盐，美国的肌理。父亲虽然用生命看美国，目光带着个性，但他毕竟是人文知识分子，天生有一种价值中立的立场，因此阅读美国时又带着中性的眼光，既看到美国的自由价值，觉得地球上有这一自由的参照系是幸事，又看到美国滥用自由导致荒诞的一面，意识到站立于北美大地的强大国度并不就是理想国。通过美国，父亲看到人类的困境，这不是某个层面的困境，而是全面的困境。科学技术的高度发展，生存的压力也跟着增大，这是怎么回事？在物质的灿烂灯光下，人类的童年在缩短，少女的气质变得粗糙，孤独的富人对狗(宠物)很好，对人却很坏。现代化、全球化的热情如果导致人间的冷漠，那么这种"化"还有什么意义？父亲写《抽烟的少女》，挖苦"宠物癖"，调侃"富人喜剧"，批评"科技狂妄症"，他看到一个太实用的国家也往往太缺少诗意。……

还有一位学者是这样感受美国的：

今日美国之发展，以其经济繁荣、其政治过程、其生活方式、其国际地位，在当今世界上制造了一个大大的疑惑。处于发达国家中的人带有这样的疑惑：人类的科技和物质生活发展到这一步，是否违背了人的本性？是否会导致地球资源的枯竭？是否会最终致使人类走向毁灭？处于发展中国家的人却带着截然不同的疑惑：是什么力量创造了如此令人眼花缭乱的物质文明？什么体制在管理和治理上为这种发展创造了良好的条件？这样一个境界是偶然抑或必然的？人们开始怀疑这种体制，人们开始怀疑自卫的体制。无论怎么说，美国都制造了一种疑惑。

走进美国，便走进了这种疑惑。没有走进美国，也会陷入这种疑惑。一个奇怪的现象是：走入疑惑易，走出疑惑难。……

对于这些真知灼见，深刻的剖析和精彩的阐述，我都是举双手

诠释美国精神之旅

雪山映衬下的圣洁之湖

赞同的。民间早就有人诙谐幽默地说资本主义"腐而不朽"、"垂而不死"，我这回也算是"耳听为虚"、"眼见为实"了。正如中国有中国的国情，中国也有中国的问题；美国有美国的国情，美国也有美国的问题。生活在太平洋东、西两岸的人，一样地看太阳，一样地看月亮，大概最看不明白的就是他们的日子和我们的生活到底有什么不一样？为什么不一样？

走出美国，走不出的是它的诱惑，它的反叛，它的魅力，它的沧海桑田和它的风云变幻。

美国"是一个裸体"，美国"是一个充满矛盾的国家"，美国制造的"疑惑"让人难以理解，美国也有比金钱更珍贵的东西，美国的文明还在继续"裂变"。

美国历史短暂，但美国却有着它的文化"国粹"，这正如同下面这样一段精彩言辞：无论是拉莫斯山，还是迪斯尼，都是荒野间的建树。建设者的牛犊气，参观者的孩子气，都显示了一种气度和气魄，呼应于天地间的长啸。它说它的宪法是各国的样板，它的经济应当执全球的牛耳，它的自负使它显得冲动而幼稚，莽撞而傲慢。世上多少事并无定论，人类摸着石头过河的队伍里，山姆大叔往往先行一步。先行者的勇气值得赞美，许多"美国病"说到底都是人类的通病。其实，我对美国时间不算太短的访问，总归也是"走马观花"、"蜻蜓点水"，还是美国人自己对自己的国家看得更加深

西部遗韵

世界符号

刻而清晰。批判精神乃人类发展进步的永恒动力，但因其不可规避的社会痛感，故往往又为人类所不愿认同。尽管如此，仍有一些锋芒毕露负有历史感责任感的学者作家敢于站出来批判人类自身，特别是人类所形成的社会。美国著名作家阿尔特·巴克沃德就是这样的一位代表性人物。而他30多部著作中的《怪面的美国》、《怪态的美国》就以冷峻幽默的文体风格，独特犀利的批判洞察力，殷殷情深地对人类（美国）自身命运的关切和博大深厚地对人类(美国)生存取向的襟怀，为我们勾勒出一个何其真实的"怪面与怪态的美国"，看罢此书，感觉是一睹为快，大有所获。这种感觉在惠特曼、马克·吐温和杰克·伦敦的著作中是"感觉"不到的。不过，即便是这样，我还是认为要写好一本关于美国的书，历来是一件困难的事情，我当然也不能例外。对于预测美国的未来，那我更把它视为畏途。而拉维·巴托拉在《世界大恐慌》中这样预测：

灯火阑珊处

"以期货、互惠信贷、约期购买权等衍生交易为代表的金融投机将引发一场全面的金融危机。

先是美国，继而日本、欧洲以至整个世界的信用体系将全面解体。

世界进入大恐怖时期。

最终，以美国为代表的西方资本主义体制将在恐慌中崩溃。

时间在1995年—2010年之间。"

这是危言耸听?这抑或不是危言耸听?

走出美国，走不出的是爱与恨交织的"怪圈"，天堂与地狱重叠的"家园"……

后记

可以瞭望，
不可以遗忘

在轮子上感
知美国并非一件
容易的事情

　　2010农历庚寅年春节，我由北京返太原探望父母双亲，大年初八，我去节后上班第一天的山西人民出版社拜访李广洁社长兼总编辑。当说起由该社编辑出版的《美国之痒》时，我告诉他已经脱销很久，现在很多人还在找这本书，我盼望能有个机会重新充实修订一下再版，或者再出一本关于美国的新书，以满足更多读者的阅读愿望。半个多月后的2010年3月15日晚，中央电视台新闻联播节目播出了一条山西省文化体制改革取得重大进展和丰硕成果的新闻。新闻出镜的先进单位是山西人民出版社，新闻出镜的主要人物正是李广洁社长兼总编辑。他说得到，做得到，把山西人民出版社搞活了，搞火了。要不，怎能上了央视收视率颇高的新闻联播呢？

只是在这时，我才又一次深深感悟到出版家与出版商的区别，感悟到半个多月前他决定新出版《映象美利坚》的良苦用心：应该让更多的中国人通过《映象美利坚》了解一个真实的美国！正如2010年3月14日国务院总理温家宝在人民大会堂三楼金色大厅会见中外记者并回答记者提问时所说：不畏浮云遮望眼，只因身在最高层。我们应该从这样的高度来把握两国关系。中美建交30年的历史告诉我们，和则两利、斗则俱伤，互信则进、猜忌则退。对话比对抗好，合作比遏制好，伙伴比对手好，我们应该从这样的角度来努力促进中美关系的发展。

我在美国的生活体验可谓深入到了"毛细血管"，大约住过一百多个美国各个阶层、各色人等的家庭，但是要真正读懂美国并非易事。就譬如说美国人的英雄观吧：曾有一家美国公司与媒体联手以"谁是你心中的英雄"为主题让民众海选，结果他们选出的英雄是这样的，之一：汤姆逊1967年在越南作战，为使美军包围圈里的9位越南平民免遭屠杀，他调转枪口对准自己人："你们开枪，我也开枪！"他的行为当时受到责难和官方调查，但后来五角大楼也授予他纪念勋章。之二：同样是在越南战场，约翰

国家公墓里的一个画面

几乎是一上战场就进了越军战俘营，没有烽火硝烟，没有厮杀格斗，6年光景就当俘虏在囚牢度过。然而就是这样一个士兵，回国后照样受到英雄般礼遇并登上政坛。所有这些，对于曾经是中国军人上过战场的我来说，实在是难以理解，实在是不可理解。不难看出，美国人更倾向于理性化、人性化的英雄观，而并非只有献身、就义、壮烈才是英雄。美国联邦最高法院前大法官杰克逊则说：避免公民犯错误，不是我们政府的职责；而避免政府犯错误，却是公民的责任。这种"辨证关系"，是不是也足以让人琢磨几番？深思几许？

写本书时，我的思绪里常常跳出这样的句子：不是每朵花都是向日葵。地狱有天堂的爱，天堂有地狱的恨。良心是一种灵魂。谁说童话都是甜蜜的？生命的代价从来不会白付。风雨过后总会见到阳光。不要在错误的地方死磕。你知道自己是谁吗？苦难也是一种财富。等等。本书文章的总篇数为43篇，共约16.3万字，图片400余幅。在本书中，《浪迹街头的中国画家》、《美利坚伤痕》、《"乡间艺术"新崛起》等篇什可以从更广的角度、更深的层次来"触摸"

美国的"痒",七年之痒也好,十年之痒也罢。

当本书的出版变为现实的时候,我要再次向我的跨世纪的两本著作《澳洲见闻录》《美国之痒》的责编傅晓红女士表示深深的感谢和真诚的敬意! 没有她的勤劳耕耘,我的收获就不会喜悦与丰硕。

米兰·昆德拉曾说:"永远不要认为我们可以逃避,我们的每一步都决定着最后的结局,我们的脚步正在走向我们自己选定的终点。"我已经迈过了出一本书就会兴奋几天的阶段,我现在最看重的是自己的著作离自己选定的"终点"的远近,到底它能给社会、能给读者留下什么真正有价值的东西? 唯有如此,我才能感到在波诡云谲的历史风云与国际烟雨中找到了安慰,哪怕是一丝的安慰!

是为后记。

传承,在普通的街头进行

2010 年 8 月于盛夏的
北京太阳宫新纪家园
龙坪居露台上的绿色篱笆墙之侧